ポルトガル語から
　　　　ガリシア語へ

富野幹雄 著

東京　**大学書林**　発行

は じ め に

ガリシア語は，ラテン系の言語の中で，特にポルトガル語とは類似している．それは元東京外国語大学教授池上岑夫氏の言に従えば，〈ガリシア語とポルトガル語は，「親子の関係」ではなく，むしろ「きょうだいの関係」にある〉（池上岑夫著，『ポルトガル語とガリシア語－その成立と展開－』，大学書林，昭和59年刊，94頁）のである．さらに付け加えれば，両語の関係は双子の兄弟，しかも，適切な表現かどうか分からないが敢えて言うならば，一卵性の双生児ということになろう．少なくとも，古ポルトガル語であり古ガリシア語でもある "galego-português" はXIII世紀初頭からXIV世紀半ばにかけての時代には書き言葉として "公用語" の地位を占めていたが，XII世紀にポルトガルが独立し，ミーニョ川に沿ってスペインとの国境線が引かれてからは，galego-portuguêsはそれぞれ別の独立した言語に分離して行く過程を歩み始めたのである．

詳しい両語の歴史は，前掲の書にゆだねることとして，現代のガリシア語について，若干の説明をしておきたいと思います．現在，ガリシア語は，イベリア半島の北西の一角を占め，ラ・コルーニャ，ポンテベドラ，ルーゴ，オレンセの4県から成るスペインのガリシア地方で用いられている公用語です．もちろんスペインの国語はスペイン語ですが，地方の言葉として，ガリシア語，バスク語，カタルーニャ語が公式に認められています．1991年のガリシア統計院（Instituto Galego de Estatística）の資料によれば，ガリシア地方の総人口270万人のうち，91％の人がガリシア語を理解し，84％が話すことができ，47％が読め，33％が書くこともできる．そして，日常生活において，常に人口の48％がガリシア語のみを使い，38％の住民がスペイン語との2言語を使用をしているということです．

ポルトガル語との比較を視野に入れながら，ガリシア語を学ぶと，その効果の一つとして，ポルトガル語の理解を側面から深めることが十分期待できるだけでなく，将来，一層実用的にも重要性が高まるにちがい

ないガリシア語の習得が容易になるという利点があることは明らかだと思います．この小著が，その点で少しでも役立つことを祈念いたします．

最後に，本書の執筆の機会を与えてくださった大学書林社主佐藤政人氏をはじめとして，文献を提供しくれたり快く有益な助言をしてくれた同僚の木下登教授や高橋覚二教授，ワープロでの下書きを担当してくれた古井（旧姓：福岡）明子さん，その他，お世話になった皆様に心からの感謝の気持ちを新たにしたいと思います．

2001年3月

著　者

目　次

はじめに ……………………………………………………………………… i

発　音

1　アルファベット ………………………………………………………… 1
2　綴り字記号 ……………………………………………………………… 3
3　句読符号 ………………………………………………………………… 5
4　母音 ……………………………………………………………………… 6
　(1)　単母音 ……………………………………………………………… 6
　(2)　二重母音 …………………………………………………………… 9
5　子音 ……………………………………………………………………… 13
6　音節の分け方 …………………………………………………………… 23
7　アクセントの位置 ……………………………………………………… 24

本　論

1　品詞 ……………………………………………………………………… 27
2　名詞の性 ………………………………………………………………… 27
　(1)　名詞の性を識別する方法 ………………………………………… 27
　(2)　性別について注意すべき語 ……………………………………… 34
3　名詞の数 ………………………………………………………………… 37
4　冠詞 ……………………………………………………………………… 40
　(1)　不定冠詞 …………………………………………………………… 40
　(2)　不定冠詞と前置詞との縮合形 …………………………………… 41
　(3)　定冠詞 ……………………………………………………………… 41
　(4)　定冠詞と前置詞との縮合形 ……………………………………… 43
5　主格人称代名詞 ………………………………………………………… 43
6　形容詞の性数変化と位置 ……………………………………………… 45

(1)	形容詞の性変化	45
(2)	形容詞の位置	47
7	動詞の活用のしくみ	48
(1)	動詞の分類	48
(2)	動詞の法	49
(3)	動詞の時制	49
8	直説法現在の活用	51
(1)	-ar動詞	51
(2)	-er動詞	52
(3)	-ir動詞	53
9	直説法現在の用法	54
10	ser・estarの直説法現在の活用と用法	55
(1)	serの活用	55
(2)	serの用法	55
(3)	estarの活用	56
(4)	estarの用法	56
11	指示詞	57
(1)	指示形容詞	57
(2)	指示代名詞	58
(3)	指示詞の縮合	58
(4)	指示詞の特別用法	60
12	疑問文と否定文	61
(1)	疑問文	61
(2)	否定文	64
(3)	疑問文に対する答え方	65
13	直接目的格の人称代名詞	67
14	間接目的格の人称代名詞	71
15	前置詞格の人称代名詞	73
16	弱勢（直接・間接・再帰）代名詞の位置	75
(1)	動詞の後に置かれる場合	75
(2)	動詞の前に置かれる場合	75

17	弱勢代名詞の縮合と併置 ……………………………………	82
18	目的格代名詞の特別用法 ……………………………………	83
(1)	連帯感を示す間接目的格代名詞 …………………………	83
(2)	関心の間接目的格代名詞 …………………………………	85
(3)	所有を表す間接目的格代名詞 ……………………………	86
(4)	不定詞の主語と目的格代名詞 ……………………………	86
19	ter・haber・ir・facerの直説法現在 ……………………	88
(1)	ter・haberの活用 …………………………………………	88
(2)	terの用法 ……………………………………………………	88
(3)	haberの用法 ………………………………………………	89
(4)	ir・facerの活用 ……………………………………………	91
(5)	irの用法 ……………………………………………………	92
(6)	facerの用法 ………………………………………………	93
20	所有詞 …………………………………………………………	94
(1)	所有形容詞 …………………………………………………	94
(2)	所有代名詞 …………………………………………………	97
(3)	所有詞の特別用法 …………………………………………	98
21	基数 ……………………………………………………………	99
22	直説法現在の不規則動詞 ……………………………………	102
23	再帰動詞 ………………………………………………………	107
(1)	再帰代名詞 …………………………………………………	107
(2)	levantarseの活用 …………………………………………	108
(3)	再帰代名詞の用法 …………………………………………	108
24	不定語 …………………………………………………………	111
(1)	不定形容詞 …………………………………………………	111
(2)	不定代名詞 …………………………………………………	113
25	現在分詞と進行形 ……………………………………………	114
(1)	現在分詞 ……………………………………………………	114
(2)	動作の進行・継続の表現 …………………………………	114
26	疑問詞 …………………………………………………………	115
(1)	疑問代名詞 …………………………………………………	115

- (2) 疑問形容詞 …………………………………………118
- (3) 疑問副詞 ……………………………………………120
- 27 序数 ……………………………………………………121
- 28 直説法完全過去 …………………………………………124
  - (1) -ar動詞の活用 ……………………………………124
  - (2) -er動詞の活用 ……………………………………124
  - (3) -ir動詞の活用 ……………………………………125
  - (4) 用法 …………………………………………………125
- 29 時刻・日付・曜日・季節の表現 ………………………126
- 30 直説法完全過去の不規則動詞 …………………………129
  - (1) 活用 …………………………………………………129
  - (2) 用例 …………………………………………………131
- 31 過去分詞と受け身形 ……………………………………133
  - (1) 過去分詞 ……………………………………………133
  - (2) 受け身形 ……………………………………………135
- 32 過去分詞を用いる表現 …………………………………136
- 33 関係代名詞 ………………………………………………139
- 34 直説法不完全過去 ………………………………………145
  - (1) 活用 …………………………………………………145
  - (2) 用法 …………………………………………………146
- 35 関係形容詞・関係副詞 …………………………………148
  - (1) 関係形容詞 …………………………………………148
  - (2) 関係副詞 ……………………………………………148
- 36 形容詞・副詞の比較級 …………………………………150
  - (1) 優等比較級 …………………………………………150
  - (2) 劣等比較級 …………………………………………151
  - (3) 同等比較級 …………………………………………152
  - (4) 不規則な比較級 ……………………………………152
- 37 形容詞・副詞の最上級 …………………………………154
  - (1) 形容詞の最上級 ……………………………………154
  - (2) 副詞の最上級 ………………………………………156

38 縮小辞と増大辞 ……157
(1) 縮小辞 ……157
(2) 増大辞 ……158

39 直説法未来 ……159
(1) 活用 ……159
(2) 用法 ……159

40 直説法過去未来 ……161
(1) 活用 ……161
(2) 用法 ……161

41 分数と倍数 ……163
(1) 分数 ……163
(2) 倍数 ……165

42 直説法過去完了 ……166
(1) 活用 ……166
(2) 用法 ……166

43 不定詞 ……168
(1) 非人称不定詞 ……168
(2) 完了非人称不定詞 ……170
(3) 人称不定詞 ……170
(4) 完了人称不定詞 ……172

44 接続法現在の活用 ……173
(1) 規則動詞 ……173
(2) 不規則動詞 ……173

45 命令の表現 ……175
(1) 3人称（意味上は2人称）に対する依頼 ……175
(2) 2人称tu・vósに対する命令 ……176
(3) その他の命令の表現 ……177

46 接続法現在の用法 ……178
(1) 名詞節 ……178
(2) 形容詞節 ……181
(3) 副詞節 ……182

(4) 主節あるいは独立節	185
47 接続法過去	186
(1) 活用	186
(2) 用法	187
48 接続法未来	190
(1) 活用	190
(2) 用法	191
49 仮定文	192
(1) 現実的な仮定文	192
(2) 非現実的な仮定文	193
50 副詞（句）①	194
(1) 場所の副詞（句）	194
(2) 時の副詞（句）	196
(3) 量と程度の副詞（句）	198
51 副詞（句）②	200
(4) 肯定と否定の副詞（句）	200
(5) 疑惑の副詞（句）	202
(6) 順序の副詞（句）	202
(7) 様態の副詞（句）	203

付　録

1 注意すべき対照語彙	206
2 ガリシア語－ポルトガル語対照動詞活用表	209
3 参考文献	233

発　　　音

1　アルファベット

ガリシア語			ポルトガル語		
文字		発音	文字		発音
A	a	ア	A	a	ア
B	b	ベ	B	b	ベ
C	c	セ	C	c	セ
Ch	ch	チェ			
D	d	デ	D	d	デ
E	e	エ	E	e	エ
F	f	エフェ	F	f	エフィ
G	g	ゲ	G	g	ジェ
H	h	アチェ	H	h	アガー
I	i	イ	I	i	イ
			J	j	ジョタ
			K	k	カ
L	l	エれ	L	l	エり
Ll	ll	エジェ[エりェ]			
M	m	エメ	M	m	エミ
N	n	エネ	N	n	エニ
Ñ	ñ	エニェ			
O	o	オ	O	o	オ

P	p	ペ	P	p	ペ
Q	q	ク	Q	q	ケ
R	r	エルレ	R	r	エヒ[エルレ]
S	s	エセ	S	s	エスィ
T	t	テ	T	t	テ
U	u	ウ	U	u	ウ
V	v	ウベ	V	v	ヴェ
			W	w	ヴェ・ドブラド[ダブリュ]
X	x	シェ	X	x	シィース
			Y	y	イープスィろン
Z	z	セタ	Z	z	ゼ

*ポルトガル語の文字の発音はブラジルのポルトガル語の発音に従っている．

☆1) ポルトガル語のアルファベット表には，「ch」，「nh」，「lh」，などの複子音は載せられないが，ガリシア語の場合には，通常，「ch」，「ll」も含まれている．

2) ポルトガル語の複子音は辞書においては一つの文字としては扱われないが，ガリシア語ではそうではないため，例えば，chamarという語は「ch」の項で引かなければならない．しかし，最近の傾向として，ポルトガル語の場合と同様に「c」の項目に載せられていることもある．

3) ガリシア語では，j (イオタ[ショタ])，ç (セ・セディジャド)，k (カ[カパ])，w (ウベ・ドブレ)，y (イ・グレゴ[イプシロ]) は外国の固有名詞 [その派生語] あるいは記号に対して用いられている．
John「ジョン(人名)」，Jefferson「ジェファーソン(人名)」，Valença「バレンサ (地名)」，Eça「エサ (人名)」，Kant「カント (人名)」，Kantismo「カント哲学」，K.「キログラム (quiloあるいは

quilogramo)」, Km.「キロメーター (quilômetro), KW.「キロワット (quilovátio)」, Darwin「ダーウィン (人名)」, darwinismo「ダーウィン説」, wagneriano「ワグナー風の」, byroniano「バイロン風の」, Nova York [またはNova Iorque]「ニューヨーク (地名)」のような語の場合と，数は少ないが，外国語の発音をガリシア語化して使っている．例えば，nailon(←nylon)「ナイロン」, penalti(←penalty)「ペナルティー」, póker(←poker)「ポーカー」, rali(←rally)「ラリー」, rugbi (←rugby)「ラグビー」, whisky「ウイスキー」のような語もある．なお，外来語の「w」は [b] と発音されることが多いが，[u] あるいは [gu] と発音されることもある．例，whiskyは [uíski] あるいは [gwíski] とも発音される．

その他の場合では，外国語の中の [k], [w], [y] を，それぞれ，[c・qu], [v], [i] に変えたり，そのまま表記している．例としては，Kansas「カンザス (地名)」, folclore「民間伝承」, coque「コークス」, criquet [críquete]「クリケット」, stick [estique]「スティック」, haraquiri「切腹」, hóckey [hóquei]「ホッケー」, Pequín「北京 (地名)」, quimono「(日本の) 着物」, quiosco「キオスク」, Toquio「東京」, Hawai「ハワイ」, Otawa「オタワ」, vatio「ワット」, sándwich「サンドイッチ」, ianqui「ヤンキー」, iate「ヨット」, ien「円 (貨幣単位)」, iodo「ヨウ素」, ioga「ヨガ」, iogurte「ヨーグルト」, jockey「騎手」, dandi「ダンディー」, groggy「グロッキーの」, iarda「ヤード」, などがある．

4）ポルトガル語と同様に，文字は男性名詞として扱われる．

2　綴り字記号

ガリシア語	ポルトガル語
(´) 鋭音符(acento agudo)	(´) 鋭音符(acento agudo)
(¨) 別音符(diérese)	(¨) 別音符(trema)
(~) 鼻音符(til de nasalidade)	(~) 鼻音符(til)

(‐) ハイフン(guión)	(‐) ハイフン(hífen)
(') 省略符(apóstrofo)	(') 省略符(apóstrofo)
	(`) 重音符(acento grave)
	(ˆ) 閉音符(acento circun-flexo)
	(̦) S音符(cedilha)

☆1）ガリシア語では，(´)が付された [a]，[e]，[o] はアクセントの位置と開口音を示すときと同じ綴りの語を区別する場合にも用いられる（→アクセントの位置）．また [i]，[u] に付いた(´)は発音上 [i]，[u] を強母音化する働きをしている（→二重母音）．

2）1995年の取り決めによってブラジルのポルトガル語でも用いられないことになった別音符（実際には引き続き使われている）がガリシア語において使われるのは，次の2つの場合である．

①動詞-aer, -oer, -oír, -uír, -aír（たとえば，atraer, caer, contraer, decaer, distraer, extraer, recaer, traer；corroer, doer, moer, remoer, roer；oír；constituír；saír, etc.）で終わる語の直説法不完全過去1人称・2人称複数形の活用形の音節を分離するために付ける．例：saír [出る] ＞saïamos, saïades (sa-ï-a-mos, sa-ï-a-des と，それぞれ，音節は分けられる)，と表記されるのに対して，接続法現在1人称・2人称複数形はsaiamos, saiadesとなる．

②gue, guiの音節で [u] を発音するときに(¨)をつける．例：bilingüe [二言語を使用する]，lingüista [言語学者]．

3）(˜)はガリシア語においては "ñ" の綴り字にしか使われない．

4）ガリシア語のハイフンの使い方は，

①派生語において，「接頭辞：ad, inter, super＋r」と「接頭辞：sub, ab, ob＋l, r」のいずれかの組み合わせで最後の子音が元の語の最初の子音と結合して発音されないことを示すためにハイフンを付けることがある．

　　例：ab-rogar「廃止する」，ad-renal[副腎の]，sub-liminal[意

識に現れない], sub-reino [亜界], sub-rogar [代位弁済させる], super-realista [超現実主義の], inter-relación [相互関係]. しかし, その他の場合は, abrupto [険しい], adrenalina [アドレナリン], sublevar [反乱を起こさせる], sublime [崇高な], interromper [中断する], など.

②合成語において, それぞれの要素が独自のアクセントと意味を保持する場合にハイフンが付けられることがある. 例：épico-
-lírico [叙事詩的・叙情詩的な], político-económico [政治経済的], socio-económico [社会経済的]. しかし, 2つの要素が一体になっている場合は, ハイフンで分けられることはない.

例：bulebule [落ち着きのない神経質な人], cartafol [紙挟み], fervellasverzas [腰の落ち着かない人], iberoamericano [イベロアメリカの], picafolla [ハチドリ], retorrománico [レト・ロマン語の], vacaloura [クワガタムシ], vichelocrego [ニシコウライウグイス], など.

③動詞の不定詞や-r・-sに終わる動詞の活用形, 動詞の後にくる弱勢の代名詞 (nos, vos, lles), 副詞uとeisと定冠詞の第2形 (lo, los, la, las) を分離するためにハイフンが用いられる (→4 冠詞). 例, ¿U-la navalla? [カミソリはどこにありますか]

④ハイフンは行末の語を分けるのに用いられるが, その際, ①, ②, ③のように, その語が2行わたっている場合には, 次の行の文頭にもハイフンをつける.

たとえば, 次の例のようにluxa-lasが2行にわたると,

　　　　Eu non quero luxa-
-las manos. [私は手を汚したくない.], と書かれる.

3　句読符号

ガリシア語	ポルトガル語
(.)　終止符 (punto final)	(.)　終止符 (ponto final)
(,)　コンマ (coma)	(,)　コンマ (vírgula)

(；)	セミコロン(punto e coma)	(；)	セミコロン(ponto e vírgula)
(：)	コロン(dous puntos)	(：)	コロン(dois pontos)
(…)	連続符(puntos suspensivos)	(…)	連続符(reticências)
(¿?)	疑問符(signos de interrogación)	(?)	疑問符(ponto de interrogação)
(¡!)	感嘆符(signos de admiración)	(!)	感嘆符(ponto de exclamação)
( )	括弧(parénteses)	( )	括弧(parênteses)
(" ")	引用符(comiñas [aspas])	(" ")	引用符(aspas)
(−)	ダッシュ(trazo)	(−)	ダッシュ(travessão)

☆ ポルトガル語では，疑問符も感嘆符も文の終わりに付けるだけであるが，ガリシア語においては，疑問符と感嘆符は文の前後に置かれる．
 例，¿Por que non calas? なぜ，お前は黙っていないのか？
  (Por que não calas?)

4 母音

(1) 単母音

ガリシア語の母音

　　　/i/　　　　　/u/
　　　/e/　　/o/
　　　/ɛ/　/ɔ/
　　　　/a/

＊ガリシア語のアクセントのある位置の単母音は上記の7つの音素から成り立っている．「a」「e」「o」については開口音と閉口音の区別がある．これはブラジルのポルトガル語に等しい．

ガリシア語		ポルトガル語	
文字	例	文字	例
a/a/	: capa「カッパ」, palabra「言葉」, pagán「異教徒」 : á「前置詞 a と定冠詞 a の縮合形」	a/a/	: tamanho「大きさ」, tema「テーマ」 : água「水」, sapato「靴」
e/e/	: mesa「食卓」, peto「貯金箱」	e/e/	: ele「彼は」, êxito「結果」
/ε/	: mel「蜂蜜」, terra「地球」	/ε/	: ela「彼女は」, café「コーヒー」
o/o/	: lobo「狼」, tola「雑草」	o/o/	: bolo「ケーキ」, avô「祖父」
/ɔ/	: porta「扉」, sorte「運」	/ɔ/	: mola「バネ」, avó「祖母」
i/i/	: mito「神話」, risco「線」	i/i/	: livro「本」, táxi「タクシー」
u/u/	: chulo「あつかましい」, custa「費用」	u/u/	: chuva「雨」, luva「手袋」

☆1) 同じ綴りであるため，開口音と閉口音によって意味を区別する語が存在する．この場合，語によっては意味が不明確になるときに，同じ綴り字の開口音の母音の上にアクセント・アグードをつけるものがある(→アクセントの位置)．またこの点に関しては方言的な差異がかなりある．

開口音	閉口音
bésta「ばね」	besta「家畜」
bote「ボート」	bote「動詞botarの活用形」
corvo「カラス」	corvo「曲がった」
mor「より大きい」	mor「原因」
neto「孫」	neto「純粋な」
óso「骨」	oso「熊」
pé「足」	pe「アルファベットのP」

póla「枝」　　　　　　　　pola「ひな鶏（の雌）」
présa「急ぎ」　　　　　　presa「捕獲」

2）次のように2語が結合した語との区別で，1）のようになるものもある．

開口音　　　　　　　　　　閉口音
vela「徹夜」　　　　　　　vela「ver+a」
velo「覆い」　　　　　　　velo「ver+o」
verme「うじ」　　　　　　verme「ver+me」

3）第二活用の動詞のうちで，語幹に「e」または「o」を持つものは直説法現在3人称単数形と命令法2人称単数形が次のように区別される．

　　　　　　　開口音　　　　　　　　閉口音
　　　　　　（直説法現在3人称単数形）（命令法2人称単数形）
cocer「煮る」　　　coce　　　　　　　coce
erguer「起こす」　ergue　　　　　　　ergue
fender「割る」　　fende　　　　　　　fende
ter「持っている」　ten　　　　　　　　ten
torcer「曲げる」　torce　　　　　　　torce
vir「来る」　　　　vén　　　　　　　　ven

4）アクセントのない母音は，通常，アクセントのある音節の前では開口音にはならない．それは次の5つである．

　　[i]　　　　　　　[u]
　　　[e]　　　[o]
　　　　　　[a]

しかしながら，この位置にも，例外的に，①同じ綴りの語を区別するために「e」と「o」に開口音と閉口音が現れることがある．例：apresar [ɛ]「速める」－apresar [e]「捕らえる」, cordeiro [ɔ]「ロープ製造者」－cordeiro[o]「小羊」, pegada[ɛ]「足跡」－pegada [e]「くっついた(形容詞pegadoの女性形)」, peón[ɛ]「大きな足」－peón [e]「人夫」, rodar [ɔ]「回転する」－rodar [o]「くま手でかき集める」, ②混同の恐れがないにもかかわらず，開口音を持った

音節に縮小辞などがついた派生語にも開口音が現れることがある．例：pola [ɔ]「枝」－poliña [ɔ]「小枝（縮小辞iñaがついた）」, pé [ɛ]「足」－peíño [ɛ]「小さな足（縮小辞iñoがついた）」, pedra [ɛ]「石」－apedrar [ɛ]「ひどく負傷する」, xesta [ɛ]「レダマ（植物）」－xesteira [ɛ]「レダマ林」．

5) ガリシア語には，ポルトガル語に存在する鼻母音：[ã], [ẽ], [ĩ], [õ], [ũ] は見られない．

現在のガリシア語には母音の鼻音性の痕跡があるだけで，音素としての鼻母音は存在していない．ガリシア語では，鼻音性を排除した語形と鼻音の変形した母音に「n」のついた形とが見られる．つまり後に続く子音によって母音が鼻音化されることはあるのである．

例，xiollo－xionllo「ひざ」, gado－gando「家畜」, coello－coenllo「ウサギ」, mollo－monllo「一握り」, póla－ponla「枝」, esquecer－esquencer「忘れる」, sella－senlla「桶」

音節末の「n」（母音間の軟口蓋音）は前の母音と音節を形成し，次に母音が現れてもそれと音節を作ることはない．nhで表記されるこの音素は [ŋ] 音を表している．その典型的な例として，unha「ひとつの：不定冠詞の女性形」, algunha「ある：不定形容詞の女性形」, ningunha「どんな（...もない）：不定形容詞の女性形」などがある（→nの発音）．

(2) 二重母音

ガリシア語の二重母音は強母音（a・e・o）と弱母音（i・u）との組み合わせで1音節をつくる．

ガリシア語	ポルトガル語
文字　例	文字　例
ai：caixa「箱」, pai「父」	ai：caixa, pai
au：auga「水」, autor「著者」	au：autor, mau
ei：beira「岸辺」, feixe「束」	ei：beira, lei
eu：eu「私は」, seu「彼の」	eu：eu, seu
oi：coita「悲しみ」, moito「多くの」	oi：boi, heroi

ou：ouro「金」, pouco「少しの」	ou：doutor, outro
ia：ciencia「科学」, labial「唇の」	
ie：especie「種類」, piedade「哀れみ」	
io：acio「房」, cambio「交換」	
ua：egua「雌の馬」, lingua「言語」	
ue：bilingüe「2国語を話す」, tenue「薄い」	
uo：ambiguo「あいまいな」, cuarto「部屋」	
iu：mentiu「(彼は)嘘をついた」, viu「(彼は)見た」	iu：fugiu, viu
ui：cuitar「施肥する」, fluidez「流麗さ」	ui：cuidado, fluidez

☆1）前表のようにポルトガル語では二重母音とならない組み合わせ（弱母音＋強母音）でも，ガリシア語においてはなることに注意する必要がある．このことは，当然，次のように綴りにも違いが現れる．

ガリシア語	ポルトガル語
patria「祖国」	pátria
planicie「平野」	planície
inventario「財産目録」	inventário
lingua「言語」	língua
tenue「薄い」	tênue
vacuo「空しい」	vácuo
compañía「同伴」	companhia
feitío「恰好」	feitio

2）「強母音＋強母音」と「強母音＋アクセント記号（´）の付いた弱母音」の組み合わせの場合は，ガリシア語でもポルトガル語でも二重母音とならない（母音接続）．例：pers**oa**「人」, pa**í**s「国」など．しかし，ポルトガル語においては，前の表の組み合わせの例外として音節末のl・m・n・r・zとnhの前の弱母音i・uは二重母音を形成しないことになっているが，ガリシア語ではアクセント記号を付けなければならない．

ガリシア語	ポルトガル語
paúl「沼地」	paul
Coímbra「コインブラ」	Coimbra
aínda「なお」	ainda
saír「出る」	sair
raíz「根」	raiz
raíña「女王」	rainha

3）ガリシア語においては，母音接続を避けるために「i」音が挿入されることがある．2つの母音の順序はいずれでもよいが，母音接続の母音の一方にアクセントがあり，他方にアクセントがない場合，特に語尾において，一般に「i」音が入れられるのである．しかしながら，「i」は表記されないのが普通である．いかなる母音接続であっても，少なくとも一方の母音にアクセントがあれば，次のように現れるのである．

① 最も多いのはアクセントのある「e」に「a」または「o」が続くとき，

例：aldea＞aldeia, ceo＞ceio, feo＞feio

② アクセントのない「e」にアクセントのある「a」が続くとき，

例：real＞reial, deán＞deián

このときに，次のように「e」が「a」に変わることがある．

例，real＞raial, deián＞daián

③ アクセントのない「e」にアクセントのある「o」が続く場合はまれである．

例：peor＞peior

④ 動詞の活用形の中の2つの「o」の間にもよく現れる．

例：doio (doer), soio (soer), moio (moer)

⑤ 1つの音声グループの母音接続の場合にも現れる，

ⅰ) 定冠詞の女性形に続いて，アクセントのある「a」あるいは他の母音が来るとき．

例：a＋alma＞a ialma, a＋época＞a iépoca, a＋outra＞

a i outra
　ⅱ) 定冠詞の男性形に続いて，アクセントのある「a」あるいは他の母音が来るとき．
　　　例：o+ermo＞o iermo
　ⅲ) その他の場合，
　　　例：a miña+alma＞a miña ialma, é+ela＞é iela
　　　このとき，「i」が「e」になることがある，
　　　例：a miña+alma＞a miña ealma
⑥　動詞の活用形に人称代名詞o・a・os・asが続き，動詞が強勢のある母音で終わっているとき，
　　例：haberá+o＞haberáio, terá+a＞teráia, dá+o＞dáio
⑦　接頭辞「ad」の後にこの「i」あるいは「e」が現れることがある．表記はされないが，ブラジルのポルトガル語でもこの発音が聞かれることは興味深い．
　　例：advertir＞adevertir, admirar＞ademirar, admitido＜adimitido
⑧　母音接続でない最後の音節にiが現れることがある（口調・語呂の問題）．
　　例：quimera＞quimeria, noturno＞nouturnio
⑨　一般に文あるいは一つの音声グループが子音・アクセントのある母音［二重母音］で終わると任意に「e」が添加されることがある．この現象はポルトガル語にも見られる．この場合，注意すべきは「-n」に「e」が付け加えられたときである（→子音のnの発音）．
　　例：muller＞mullere, fácil＜fácile, bater＜batere, dor＜dore, vai＜vaie
4) ガリシア語では，3つ母音が連続して現れる場合に，
　① 一般的傾向として上昇二重母音（ia・ie・io・ua・ue・uo）は避けられる，つまり連続する2つの母音は別々の音節に属するように発音される．また，ガリシア語では，最後の母音が「i」でその前に母音が2つあつても，不注意にあるいは早く発音される場

合（話し言葉）を除いて，三重母音にはならない．

例，cai-ar, jói-a, sai-a, en-sai-os, Mai-o, tei-a, ac-tu-ou, cam-bi-ei, fi-ei-to, di-oi-vo, bi-ei-toなどのようになる．

しかし二重母音にもならず，三重母音も形成していない3つの母音が連続して現れたときには，2つ目の母音にアクセント記号を付ける．

例，cons-ti-tu-í-u, mo-í-a, sa-í-a, tra-í-a

② 「u」が発音される「gu」・「qu」に続く2つの母音は三重母音を形成する（動詞の活用形が主である）．

例，Pa-ra-guai, en-xa-guou, o-bli-quai

③ 「-l」に終わる語の複数形は，方言的差異は除いて，三重母音となる．

例，es-pi-ri-tuais, o-fi-ciais,

5）ガリシア語には，ポルトガル語に存在する二重鼻母音：[ãi]・[ãu]・[ẽi]・[õi]・[ũi] は見られない．

5　子音

ガリシア語の綴り字と発音との関係を，ポルトガル語との相違点を中心に見ていきたい．標準的な子音の発音を調音法にしたがって，比較してみると，次のとおりである．

	ガリシア語	ポルトガル語
閉鎖音	[p], [b], [t], [d], [k], [g]	[p], [b], [t], [d], [k], [g]
鼻　音	[m], [n], [ɲ], [ŋ]	[m], [n], [ɲ]
側面音	[l], [λ]	[l], [λ]
振動音	[r], [ř]	[r], ([ř])
摩擦音	[f], [θ], [s], [ʃ]	[f], [v], [s], [ʃ], [z], [ʒ], [x]
破擦音	[tʃ]	

文字	音	例
b・v	[b]	besta「獣」, branco「白い」, cabalo「馬」, deber「借りている」, pobo「国民」, recibir「受け取る」, ribeira「川辺」, saber「知る」, avó「祖父」, avoa「祖母」, avogado「弁護士」, vivir「生きる」 ＊ⅰ）ポルトガル語では, [b]（両唇音）: bala, besta, bico, branco, receber, saber, etc. と[v]（唇歯音）: cavalo, dever, povo, vala, vinho, viver, etc. の区別があるが, ガリシア語ではその区別はない. したがって, 音節末, 二重子音（bl-・br-）を含めて [b] の音を表している. ガリシア語では表記に「b」を使うか「v」を使うかは語源によっている. しかし厳密には, ガリシア語の「b・v」の発音は語頭と鼻音の後の位置では [b]（閉鎖音）であるのに対して, その他の位置では[β]（摩擦音）である. ⅱ）ガリシア語とポルトガル語とで, 若干の対応する語において綴りの違いがある. 　　ガリシア語　　　ポルトガル語 　　árbore「木」　　árvore 　　cabalo「馬」　　cavalo 　　escribir「書く」　escrever 　　deber「負う」　　dever 　　libro「本」　　　livro 　　móbil「動く」　　móvel 　　pobo「民族」　　povo 　　voda「結婚式」　boda
p	[p]	tempo「天候」, papel「紙」, pistola「ピストル」, planta「植物」, praia「海岸」 ⅰ）二重子音（pl-・pr-）を含めて, 通常, [b]の無声音の[p]の音となる. しかし, 語頭（あるいは教養語）において, pt-・ps-・pn-の繋がりの語が存在している. たとえば,

		pterodáctilo「翼竜」, psicólogo「心理学者」, pneumático「タイヤ」の「p」の発音は非常に弱いか，あるいは発音されないことが多い．場合によっては，綴りに「p」が表記されないこともある．しかし，ポルトガル語では，通常，表記され発音される．
		ⅱ) ポルトガル本国の場合，「t」と「ç」に続く「p」はその前の母音が開口音であることを示すだけで，発音はされないが表記される．「t」に続く場合，ガリシア語では表記され，発音される点で異なっている．例：óptica「光学」，óptimo「最上の」，など．ただし，ブラジルにおいては，このような「p」は表記されない．
c	[k]	caro「高価な」, conta「計算」, cunca「器」, cravo「釘」, clima「気候」, actor「俳優」
		* ⅰ) ポルトガル語と同様に，（二重子音cl-・cr-を含めて）母音a・o・uの前と音節末（-ct・-cc）では[k]音となることが多いが，[s]となることもある．音節末の「c」について言えば，ブラジルのポルトガル語では表記されないことが多いが，ポルトガルでは表記され，大部分の場合（前の母音a・e・oが開口音の時）に発音されることはない．この点で，表記され発音されることが多いガリシア語の「c」とは異なっている．ガリシア語でも，開口音のa・e・oに続く場合に，「c」が保持される．i・uに続く場合はどちらでもよいことになっている(dictado/ditado, traductor/tradutor, etc.)．

ガ語	ブラジルのポ語	ポルトガルのポ語
acción「行動」	ação	acção
actor「俳優」	ator	actor
adxectivo「形容詞」	adjetivo	adjectivo

また，ポルトガル語と同様に，音節末の「-ct」の「c」が「u」や「i」になっている語も少しある．
doutor (↔doutor)「博士」, doutrina (↔doutrina)「教理」, suxeito (↔sujeito)「主語」, etc.

	[θ]	ii）ポルトガル語の語頭にquaを持つ綴り字は，ガリシア語ではcuaで表記される．たとえば，ポルトガル語のquartoは，ガリシア語ではcuartoと書かれる．しかし，cuaと表記されるのは，限られた地域においてと教養語の場合が多く，通常はcaと書かれる．つまり，語源がqua-のuを省略する傾向が見られるのである．例：cadrado「四角な」, cal「どの」, cando「いつ」, calidade「質」, cantidade「量」, case「ほとんど」．上記の傾向は，ポルトガル語の語頭のquoがガリシア語ではcoで対応する点でも見られる．例：quota↔cota「割り当て」．ceo「空」, cento「100」, cinco「5」, tecido「織物」 ＊母音e・iの前のcが [θ] ではなく，ポルトガル語と同様に [s] と発音されることがある（seseoの現象）．
ch	[tʃ]	chamar「呼ぶ」, chorar「泣く」, chumbo「鉛」, chegar「到着する」, chispa「火の粉」
d	[d]	dado「サイコロ」, dente「歯」, perdición「失うこと」, drama「演劇」, cadro「表」 ＊i）二重子音（dr-）の場合を含めて，[t] の有声音で，厳密に言えば語頭と鼻子音の後に出てきたときは [d]（閉鎖音）となり，その他の場合は [d]（摩擦音）となる．例えば，ポルトガル語のespada [esˈpɑda] はガリシア語では [esˈpaða] である． ii）ポルトガル語と同様に，ガリシア語にはdで終わる語は存在しない． iii）ブラジルの多くの地域で，diまたはアクセントのないdeは [dʒ] と発音されるが，ガリシア語にはそのような発音はない．
t	[t]	metade「半分」, natureza「自然」, teléfono「電話」, atleta「陸上選手」, traballo「仕事」

		＊ⅰ）二重子音（tl-・tr-）の場合を含めて，[d] の無声音である． ⅱ）ブラジルの多くの地方では，ti またはアクセントのない te は [tʃ] と発音されるが，ガリシア語にはそのような発音はない．
f	[f]	faca「短刀」, fondo「深い」, garfo「フォーク」, flor「花」, froita「果物」 ＊二重子音（fl-・fr-）を含めて，ポルトガル語のfの発音と同様（無声の唇歯音）である．
g	[g]	gando「家畜」, góndola「ゴンドラ」, gume「刃」, gloria「栄光」, gramática「文法」, ignorante「無知の」 ＊ⅰ）「c」と同様に，（二重子音gl-・gr-の場合を含めて）母音a・o・uの前と音節末では [g] 音を表す． ⅱ）「g」には摩擦音の [h] ないしは [x] で発音する方言音が存在している．このため，Lugo, gato をそれぞれ [luho], [hato] と発音することがあるが，一般には認められず，教養語では正しくないとされている（geadaの現象）． ⅲ）母音の前だけでなく若干の子音の前の「g」を [k] に発音することがある．例えば，angazo「くま手」, congro「アナゴ」, longueirón「貝の一種」がそれぞれ ancaso, concro, lonqueirón と発音されることがある． ⅳ）ガリシア語では，ge, gi と表記される語はない．ポルトガル語に存在する [ʒ] 音は一般に [ʃ] 音で対応している．表記上は「x」になっている． ガリシア語 　　　　　ポルトガル語 xente「人々」　　　　gente xigante「巨人」　　　gigante xaneiro「1月」　　　janeiro xornal「新聞」　　　 jornal xusto「公正な」　　　justo

		hoxe「今日」　　　　　　　hoje
gu	[g]	**gu**erra「戦争」, **gu**ía「ガイド」 ＊e・iの前のguは[g]音となる．
	[gw]	**gua**po「美男の」, ambi**guo**「あいまいな」, lin**güe**ta「舌状のもの」, lin**güí**stica「言語学」 ＊ⅰ) a・oの前のguとgüe・güiのgüは[gw]音となる． ⅱ) ポルトガル語の語頭のguaを持つ綴り字は，ガリシア語ではgaで表記されるものがある．このことはcua・caの状況と同じことが言える(→cの発音)のである．例：garda「見張り」, gardar「番をする」, など．
h	[ ]	**h**armonía「調和」, **h**ipótese「仮説」, **h**onra「名誉」, des**h**onesto「不正直な」, pro**h**ibir「禁止する」 ＊無音で，語源を示すのみで，語頭にも語中にも語尾にも現れる．ポルトガル語においても無音であるが，現れる位置が常に語頭と語尾に限られている点で，異なっている．例：prohibir（ガ）－proibir（ポ），exhibir（ガ）－exibir（ポ），など．
l	[l]	**l**ado「側面」, pe**l**o「毛」, a**l**to「背の高い」, anima**l**「動物」, b**l**usa「ブラウス」, p**l**anta「植物」 ＊二重子音の場合を含めて，ポルトガル語とほぼ同じ音を表す．
ll	[λ]	toa**ll**a「タオル」, o**ll**o「目」, traba**ll**o「仕事」, ta**ll**er「仕事場」 ＊ⅰ) ポルトガル語のlhと同じ側面音であるが，[j]あるいは[y]と発音される地域がかなり広い範囲に亙っている(yeísmoの現象)．この傾向はスペイン語の場合と同様である．ポルトガル語のlhで表記されている語が，通常，意味の点でも対応しているが，tallerのようにその対応するポルトガル語の単語talher「食事セット」とは意味

		が異なることがある． ⅱ）ガリシア語において，llが文頭（しかも単音節語）で用いられているのは，代名詞のlle(s)と他の語との縮合形（llo・llos・lla・llas）のみである．
m	[m]	cama「ベッド」, medo「恐怖」, camiño「道」, mozo「若者」, música「音楽」, ambos「両方の」, tempo「時間」 ＊ⅰ）音節の初めの「m」はポルトガル語と等しい． ⅱ）音節末の「m」は前の母音を軽く鼻音化するが，ポルトガル語のようには強いものではない．語中の「b」・「p」の前では「m」となる点はポルトガル語と同様である．ガリシア語には「m」で終わる語は存在していない． ⅲ）ガリシア語には，ポルトガル語にはない-mn-の表記がある．たとえば，alumno「生徒」, amnistía「特赦」, columna「柱」, ómnibus「乗合自動車」, など．ポルトガル語では，-mn-は-n-で表記される．上記の語は，それぞれaluno, anistia, coluna, ônibusと書かれる．その発音はポルトガル語におけるようにされる．
n	[n]	nada「何も...ない」, noite「夜」, neno「少年」, pano「布」 ＊　音節の初めの「n」はポルトガル語と等しい．
	[ŋ]	algunha「いくつかの」, ningunha「どんな...もない」, alguén「誰か」, non「いいえ」, pan「パン」, tamén「...もまた」 ＊ⅰ）unha「一つの：不定冠詞女性形」とその派生語のnhなど語中で母音の前では[ŋ]音になる．しかし，この場合には次に現れる母音とは音節を構成することはないことに注意しなければならない．他の例，inhábil「不器用な」, inhumano「非人間的な」． ⅱ）語末の位置で軟口蓋音のnは[ŋ]音となる．例：alguén, ben, nin, non, pan, quen, sen,

tamén, など．しかし，これらの後に冠詞・代名詞のo・os・a・asが続くときには [n] となる．例：Non o sei. 「私はそれを知らない．sei：動詞saberの活用形」，Tamén a teño.「私もそれ持っています．[teño：動詞terの活用形]」．他の場合，たとえば男性不定冠詞 un が母音で始める語に続いても，[ŋ]となる．例，un oso「一頭の熊」．

iii) ガリシア語においては，一般に一つの音声グループが子音やアクセントのある母音［二重母音］で終わると任意に対して「e」が付け加えられることがある (paragogeの現象)．たとえば，bater>batere「たたく」，fácil>fácile「容易な」，dor>dore「痛み」，vai>vaie「動詞irの活用形」など．

この現象によって，「n」に終わる語に「e」が添加されると，「n」と「e」は一つの音節を構成せず，「e」だけで一つの音節を成し，「n」は [ŋ] 音となる．表記も corazón>corazonhe「心」，irmán>irmanhe，などのようになる．いずれも，音節の切れ目は「e」の前となるのが一般的だが，co-ra-zo-nheと切れることもある．

iv) ガリシア語には，現在のポルトガル語には，通常，見られない -nm-, -nn-(ポルトガル語では，それぞれ，-m-, -n-となる) の表記が存在する．例，inmaculado「汚れのない」，inmaturo「未熟な」，innato「生まれつきの」，innovación「革新」，など．この場合の n も [ŋ] 音になる．

v) -mn-のmと-gn-の「g」が [ŋ] で発音されることがある．例，alumno「生徒」，digno「値する」，など．

vi) 接頭辞enを伴う語にも現れる．例，engadir [ŋ]「付け加える」，enredar[ŋ]「巻き込む」，ensinar[ŋ]・[n]「教える」，など．

ñ	[ɲ]	viña「ブドウ園」，diñeiro「お金」，camiño「道」，piñeiro「松」 ＊i) ポルトガル語の複子音「nh」と同じ音を表す．

		ⅱ）ガリシア語では「ñ」で始まる語は数語しか存在しない．
qu	[k]	**qu**eixa「不平」，**qu**eixo「チーズ」，**qu**ilogramo「キログラム」，**qu**ímica「化学」 ＊ⅰ）「q」は常に「u」を伴い，que, quiの形でしか使われない． ⅱ）qualidade（ポ）－qualidade [calidade]（ガ）「性質」」，quarto（ポ）－cuarto [carto]（ガ）「第4の」のように，qua（ポ）がcua [ca]（ガ）で対応する語は見られるが，quo（ポ）がcuo（ガ）になっているものはない．
r	[r̃]	**r**ato「ネズミ」，hon**r**a「名誉」，Is**r**ael「イスラエル」，mel**r**o「クロウタドリ」，ca**rr**o「車」 ＊ⅰ）ポルトガル語と同様に，語頭と「n」・「s」・「l」の直後の「r」と母音間に現れる「rr」の発音は多振動音いわゆる巻き舌の [r̃] となるが，主としてブラジルの多くの地方で聞かれる喉の奥から出す摩擦音 [x] と発音されることはない． ⅱ）「r」で始まる語に母音または母音で始まる接頭辞などが付加されたときは，ハイフンではなく「r」を重ねる．recto「直線の」－semi**rr**ecto「45度の」，redor「周辺」－a**rr**edor「周辺に」，rítmico「韻律の」－mono**rr**ítimico「単一韻律の」．
	[r]	me**r**o「単なる」，ca**r**ne「肉」，fala**r**「話す」，p**r**ata「銀」，t**r**igo「小麦」 ⅰ）母音間や音節末，二重子音に現れる「r」は，ポルトガル語と同じ単振動音である． ⅱ）ポルトガル語と同じく，母音間では多振動音の「rr」と単振動音の「r」との対立がある． caro「高い」－carro「車」，coro「コーラス」－corro「円陣」，torar「幹を切る」－torrar「焙る」

— 21 —

s	[s]	case「ほとんど」, espada「刀」, mesmo「同じ」, sol「太陽」, xaponés「日本人」
		i) 「s」は，一般に無声歯茎摩擦音(スペイン語やポルトガルの北部の方言と同様）である．したがって，ポルトガル語における母音間と有声子音の前の「s」の [z] 音は存在しないのである．
		ii) ポルトガル語に存在する母音間で用いられる「ss」という表記はガリシア語には存在しない．たとえば，ポルトガル語の nosso, passaは，ガリシア語では noso「我々の」, pasa「干しブドウ」となる．
x	[ʃ]	xaneiro「一月」, hoxe「今日」, fuxir「逃げる」, xente「人々」, exemplo「例」
		*語頭または語中の位置でポルトガル語の ch [ʃ] の音価に等しい．ガリシア語では，「j」と「ge」,「gi」は用いられないで，その場合は「x」で表記される．たとえば，上記の最初の 4 語はポルトガル語では，それぞれ, janeiro, hoje, gente, fugir, となる．しかし，ポルトガル語における語頭の「ex+母音」に見られる [z] 音はないことに注意しなければならない．
	[ks]	anexo「付属の」, éxito「成功」, éxodo「大移動」, flexión「屈折」, sexo「性」, taxi「タクシー」
		i) [ks] と発音される語がある（主として教養語において）．しかし，この場合，一般的な傾向として−特に子音の前と語末の位置で−[s]に発音される．例, aproximar「近づける」, exame「試験」, éxito「成功」, exterior「外国の」, externo「外の」, clímax「クライマックス」, tórax「胸部」, etc.
		ii) 合成語ではない語の中で，母音間に 2 つの「x」が現れた場合は特別で，最初の「x」は [ks] の，2 番目の「x」は [ʃ] の音となる．このタイプの語（数は多くない）では最初の「x」が「s」で表記されることがある．例：esa-

		xeración「誇張」, esaxerar「誇張する」, esexético「解釈の」, esixencia「要求」, esixente「要求の多い」, esixir「要求する」, など. 因に, ポルトガル語のこれらに対応する語は, それぞれ, exageração, exagerar, exegético, exigência, exigente, exigir, など, である. しかしながら, 母音に挟まれていないときや合成語では, いずれも「x」で表記され, estranxeiro「外国人」(ポ語: estrangeiro), lexicoloxía「語彙論」(ポ語: lexicologia) など, となる.
z	[θ]	zapato「靴」, cazo「ひしゃく」, azul「青色の」, dez「10」 ⅰ) 母音a・o・uの前と語末にのみ現れる. ガリシア語のza, zo, zuは, ポルトガル語のça, ço, çuに対応している. たとえば, ポルトガル語のcaçar, coração, açúcarは, ガリシア語では, それぞれ, cazar「狩りをする」, corazón「心」, azucre「砂糖」である. ただし, ガリシア語にはç文字は存在しないし, ポルトガル語にçe, çiの表記がないのと同様に, ガリシア語にはze・ziの表記はない. ⅱ)「z」は「c」と同様に [s] で発音されことがある (→ cの発音).

6 音節の分け方

(1) 二重母音, 三重母音は同一の音節に属する.
cien-cia「科学」, fei-to「事実」, la-bial「唇の」, lin-gua「言語」, moi-to「多くの」, en-xau-gou「(彼が) すすいだ」, so-ciais「社会の (socialの複数形)」

* 3つ以上の連続する母音の場合は一般に最初の母音のみを分割する.
例: en-sa-iar「試す」, en-sa-iei「私が試した」, bo-iei-ro「牛飼い」 (→二重母音).

(2) 複子音 (ch, ll, rr) と二重子音 (bl, br, cl, cr, dr, gl, gr,

fl, fr, pl, pr, tl, tr), nhは発音上は1つの子音と考える.
ma-cho「(動物の) 雄」, mu-ller「女」, co-rrom-per「堕落させる」, cla-ro「明るい」, ca-dro「絵」, se-gre-do「秘密」, re-fres-co「冷たい飲み物」, ca-tro「4」, a-trás「後ろに」, al-gu-nha「いくらかの」

* ⅰ) 接頭辞の場合は, 二重子音であっても例外的に分離できる. 例: ab-ro-gar「廃止する」
  ⅱ) rrはポルトガル語では分離できることに注意すること. 例 (ガ) ca-rro「車」・(ポ) car-ro

(3) 母音間の1つの子音と語頭の2つの子音は後ろの母音につく.
ca-ma「ベッド」, de-ser-to「砂漠」, psi-quia-tra「精神科医」, pneu-má-ti-co「タイヤ」

* 接頭辞の場合は例外である. 例: bis-avó「曾祖父」, des-abri-gar「脱がせる」, super-a-bun-dan-te「過剰の」

(4) 母音間の2つの子音は異なる音節に属する.
ac-to「行為」, ad-mi-tir「認める」, ob-xec-to「物」, a-dap-tar「適合させる」, rit-mo「リズム」, co-mun-men-te「ふつう」

(5) 二重母音, 三重母音を作らない母音は別個の音節に属する (母音接続).
al-de-án「村人」, dí-a「日」, ca-ó-ti-co「混沌とした」, co-or-de-nar「整頓する」, gra-ú-do「粒状の」, mi-ú-do「微細な」, mu-í-ño「粉ひき器」, ra-í-ña「女王」, re-a-li-da-de「現実」, sa-í-a-mos「動詞saír直説法不完全過去の変化, cf.sa-ia-mos 接続法現在の変化]」, xe-su-í-ta「イエズス会士」

7 アクセントの位置

ガリシア語のアクセントは, ポルトガル語と同じく, 音の強弱によっている. 以下に見るように, その位置の見極め方はポルトガル語に比べて簡単である.

(1) 「a・e・o・i・u」あるいはそれに「n・ns・s」がついている形で終わる単語は終わりから2番目の音節にアクセントを有する.

casa「家」, carro「車」, exame「試験」, cantan「(彼らは) 歌う」, martes「火曜日」, nupcias「結婚」

* ただし,「i・u」で終わる弱勢の二重母音 (ai・ei・oi・eu・ou・ui) あるいはそれに「s」がつく形で終わる場合はその音節にアクセントがある.

例：ademais「そのうえ」, amei「(私は) 愛した」, papeis「紙 (複数形)」, azuis「青色の (複数形)」

(2) 終わりから3番目の音節にアクセントのある場合はすべてアクセント記号を付ける.

bárbaro「野蛮な」, gráfico「文字の」, lóstrego「稲妻」, nádega「尻」, péxego「桃」,

*ⅰ) ガリシア語のアクセント記号には, 今日では鋭音符(アセント・アグード)のみが用いられ, ポルトガル語に存在する閉音符(アセント・シルクンフレクソ)や重音符(アセント・グラーヴェ)は使われなくなっている (→綴り字記号).

ⅱ) ガリシア語では弱勢代名詞が動詞に前接するので後ろから四番目または五番目の音節にアクセントがかかる例外がある.

(3) 上記(1)と(2)以外の場合は最後の音節にアクセントがある.

café「コーヒー」, capital「首都」, corazón「心」, irmán「兄弟」, nariz「鼻」, nadar「泳ぐ」

*ⅰ) 単音節の語には, 弁別のアクセントを打つ以外は, アクセント記号を付けない.

例：cal「石灰」, mel「蜜」, sol「太陽」, tres「3」

しかし, 内容的に不明確になるときに同じ綴りの語の開口音の母音の上にアセント・アグードをつける.

開口音	閉口音
á「前置詞aと定冠詞aとの縮合形」	a「定冠詞, 前置詞, 代名詞」
ás「前置詞aと定冠詞asとの縮合形」	as「定冠詞, 代名詞」
ás「第一人者 (名詞)」	
bóla「玉 (名詞)」	bola「カステラ風のパン (名詞)」
cá「前置詞caと定冠詞との縮合形」	ca「接続詞」
có「前置詞caと定冠詞oとの縮合形」	co「前置詞conと定冠詞oとの縮合形」
cómpre「＜動詞cumprir」	compre「＜動詞comprar」

dá, dás「＜動詞 dar」	da, das「前置詞 de と定冠詞 a, as との縮合形」
dé「＜動詞 dar」	de「前置詞」
dó「同情（名詞）」	do「前置詞 de と冠詞 o との縮合形」
é「＜動詞 ser」	e「接続詞」
fóra「外に（副詞）」	fora「＜動詞 ser, ir」
máis「さらに（副詞）」	mais「しかし（接続詞）」
nó「結び目（名詞）」	no「前置詞 en と冠詞 o との縮合形」
nós「主格の代名詞, nó の複数形」	nos「目的格の代名詞, 前置詞 en と冠詞 os との縮合形」
ó「前置詞 a と冠詞 o との縮合形」	o「冠詞」
ós「前置詞 a と冠詞 os との縮合形」	os「冠詞」
póla「枝」	pola「雌鳥, 前置詞 por と冠詞 a との縮合形」
pór「動詞」	por「前置詞」
sé「総本山」	se「接続詞, 代名詞」
só「ただ…だけ, 一人の」	so「前置詞」
tén「＜動詞 ter」	ten「＜動詞 ter」
vén「＜動詞 vir」	ven「＜動詞 ver, 動詞 vir」
vés「＜動詞 vir」	ves「＜動詞 ver」
vós「主格の代名詞」	vos「目的格の代名詞」

ⅱ）単独, あるいは -s の前と母音の前・後に来るアクセントのある「i」と「u」にはアクセント記号を付ける. 例, aí「そこに」, aínda「まだ」, baúl「トランク」, Coímbra「コインブラ（地名）」, egoísmo「エゴイズム」, miúdo「ごく小さい」, país「国」, peúga「ソックス」, raíz「根」, ruído「騒音」, saín「（動物の）脂肪」, saír「出る」, súa「彼の（所有詞）」, viúvo「男やもめ」, など.

ただし, ñ で始まる音節の前の「i」と「u」には例外的にアクセント記号を付けないことがある. 例, muiño「粉ひき器」, raiña「女王」.

ⅲ）合成語（複合語）の場合, ハイフンがないときは 1 語としてのアクセントを持ち, 無いときにはそれぞれ別々にアクセントを有する（→綴り字記号）.

本　論

1　品詞

ガリシア語の単語は，ポルトガル語と同様に以下の9種類に分類される．

(1)　名　詞（Sustantivo）
(2)　代名詞（Pronome）
(3)　形容詞（Adxectivo）
(4)　冠　詞（Artigo）
(5)　動　詞（Verbo）
(6)　副　詞（Adverbio）
(7)　前置詞（Preposición）
(8)　接続詞（Conxunción）
(9)　間投詞（Interxección）

　＊　(1)から(5)は状況によって形が変わるが，その他の品詞は，他の語と縮合する場合を除いて，常に同じ形で使われる．

2　名詞の性

ポルトガル語と同じく，ガリシア語のすべての名詞も男性名詞か女性名詞のいずれかに属する．同じ語源の単語は，一般に，両語において名詞の性別は一致している．以下，男性名詞にo（男性定冠詞），女性名詞にa（女性定冠詞）を付して区別している．（　）内は対応するポルトガル語の語（句）である．

(1)　名詞の性を識別する方法

　1）人や動物を示す名詞の文法上の性別は自然の性別に一致する．

　　①　男性形と女性形がそれぞれ別の語が対応しているもの．

o bode [cabrón・castrón・godallo]（↔ o bode [cabrão]）「雄ヤギ」

— 27 —

　　　　　　　　　　　　　　　-a cabra [cabuxa] (↔a cabra)
　　　　　　　　　　　　　　　「雌ヤギ」
o boi[touro] (↔o boi[touro])　-a vaca (↔a vaca)「雌牛」
「雄牛」
o cabalo (↔o cavalo)「雄馬」　-a besta[egua・égoa] (↔a égua
　　　　　　　　　　　　　　　　[besta]「雌馬」
o can (↔o cão)「雄犬」　　　　-a cadela [cuza] (↔a cadela)
　　　　　　　　　　　　　　　「雌犬」
o carneiro (↔o carneiro)　　　-a ovella (↔a ovelha)「雌羊」
「雄羊」
o home (↔o homem)「男」　　　-a muller (↔a mulher)「女」
o padre (↔o pai [padre])　　　-a madre (↔a mãe [madre])
「父上・神父」　　　　　　　　「母上・修道女」
o pai (↔o pai)「父」　　　　　-a nai (↔a mãe)「母」
o xenro (↔o genro)「婿」　　　-a nora (↔a nora)「嫁」
o zángano (↔o zangão)　　　　-a abella (↔a abelha)
「雄ミツバチ」　　　　　　　　「雌ミツバチ」

② 男性形の語尾を変えて，女性形となるもの．
(-o→-a)
o amigo (↔o amigo)　　　　　-a amiga (↔a amiga)
「(男) 友達」　　　　　　　　 「(女) 友達」
o esposo (↔o esposo)「夫」　 -a esposa (↔a esposa)「妻」
o fillo (↔o filho)「息子」　　-a filla (↔a filha)「娘」
o gato (↔o gato)「雄猫」　　 -a gata (↔a gata)「雌猫」
o neno (↔o menino)「男の子」-a nena (↔a menina)「女の子」
o pito (↔o pinto)「雄のヒヨコ」-a pita (↔a pinta)「雌のヒヨコ」
o porco (↔o porco)「雄豚」　 -a porca (↔a porca)「雌豚」
o sobriño (↔o sobrinho)「甥」-a sobriña (↔a sobrinha)「姪」
o sogro (↔o sogro)「義父」　 -a sogra (↔a sogra)「義母」
o tío (↔o tio)「叔父」　　　 -a tía (↔a tia)「叔母」
(-e→-a・-esa)

o abade(↔o abade)「修道院長」 － a abadesa (↔a abadessa)
　　　　　　　　　　　　　　　　　　「女修道院長」
o cliente (↔o cliente)「顧客」 － a clienta (↔a cliente)
　　　　　　　　　　　　　　　　　　「女の顧客」
o hóspede (↔o hóspede) 　　－ a hóspeda (↔a hóspeda)
　「男の宿泊客」　　　　　　　　　「女の宿泊客」
o infante (↔o infante)「王子」－a infanta (↔a infanta)「王女」
o mestre (↔o mestre)「先生」 － a mestra (↔a mestra)
　　　　　　　　　　　　　　　　　　「女の先生」
o conde (↔o conde)「伯爵」 　－ a condesa (↔a condessa)
　　　　　　　　　　　　　　　　　　「伯爵夫人」
o duque (↔o duque)「公爵」 　－ a duquesa (↔a duquesa)
　　　　　　　　　　　　　　　　　　「公爵夫人」

(-a・-e→-isa)

o poeta (↔o poeta)「詩人」 　－ a poetisa (↔a poetisa)
　　　　　　　　　　　　　　　　　　「女流詩人」
o profeta (↔o profeta) 　　　－ a profetisa (↔a profetisa)
　「予言者」　　　　　　　　　　　「女の予言者」
o sacerdote (↔o sacerdote) － a sacerdotisa (↔a sacer-
　「男の聖職者」　　　　　　　　　dotisa)「女の聖職者」

(-or→-ora・riz)

o señor (↔o senhor)「紳士」 － a señora (↔a senhora)「婦人」
o pintor (↔o pintor)「画家」 － a pintora (↔a pintora)
　　　　　　　　　　　　　　　　　　「女流画家」
o actor (↔o ator)「男優」 　　－ a actriz (↔a atriz)「女優」
o emperador (↔o imperador)－a emperatriz (↔a imperatriz)
　「皇帝」　　　　　　　　　　　　「女帝」

(-és→-esa)

o inglés (↔o inglês) 　　　　－ a inglesa (↔a inglesa)
　「男のイギリス人」　　　　　　「女のイギリス人」

o xaponés (↔o japonês)　　　−a xaponesa (↔a japonesa)
　「男の日本人」　　　　　　　　「女の日本人」
(-l・-s・-z→-la・-sa・-za)
o xeneral (↔o general)「将軍」−a xenerala (↔a generala)
　　　　　　　　　　　　　　　　「将軍夫人」
o español (↔o espanhol)　　　−a española (↔a espanhola)
　「男のスペイン人」　　　　　　「女のスペイン人」
o deus (↔o deus)「神」　　　−a deusa (↔a deusa)「女神」
o rapaz (↔o menino)「少年」 −a rapaza (↔a menina)「少女」
(-án→-á・-ana)
o aldeán (↔o aldeão)「村人」−a aldeá (↔a aldeã)「女の村人」
o ancián (↔o ancião)「老人」−a anciá (↔a anciã)「老女」
o artesán (↔o artesão)「職人」−a artesá (↔a artesã)
　　　　　　　　　　　　　　　　「女の職人」
o cidadán(↔o cidadão)「市民」−a cidadá (↔a cidadã)
　　　　　　　　　　　　　　　　「女の市民」
o curmán(↔o primo)「従兄弟」−a curmá (↔a prima)「従姉妹」
o irmán (↔o irmão)「兄弟」 −a irmá (↔a irmã)「姉妹」
o alemán (↔o alemão)　　　−a alemana (↔a alemã)
　「男のドイツ人」　　　　　　　「女のドイツ人」
o capitán (↔o capitão)　　　−a capitana (↔a capitã)
　「男の隊長」　　　　　　　　　「女の隊長」
(-ón→-ona・-oa)
o ladrón (↔o ladrão)「泥棒」−a ladrona [ladroa・ladra] (↔
　　　　　　　　　　　　　　　　a ladrona [ladroa・ladra])
　　　　　　　　　　　　　　　　「女の泥棒」
o leán (↔o leão)「雄ライオン」−a leona [leoa] (↔a leoa)
　　　　　　　　　　　　　　　　「雌ライオン」
o patrón (↔o patrão)「主人」−a　patrona [patroa] (↔ a
　　　　　　　　　　　　　　　　patrona [patroa])「女主人」

o solteirón (↔o solteirão)　　－a solteirona (↔a solteirona)
「いい年をした独身男性」　　　「婚期を過ぎた独身女性」
＊例外：o tecelán (↔o tecelão) －a teceloa (↔a tecelã)「女の職工」
「職工」
(不規則な対応形をもつ語)
o avó [abó] (↔o avô)「祖父」 －a avoa [aboa] (↔a avó)
　　　　　　　　　　　　　　　「祖母」
o barón (↔o barão)「男爵」　 －a baronesa (↔a baronesa)
　　　　　　　　　　　　　　　「男爵夫人」
o galo (↔o galo)「雄鶏」　　 －a galiña (↔a galinha)「雌鶏」
o heroe (↔o herói)「英雄」　 －a heroína (↔a heroína)「女傑」
o príncipe (↔o príncipe)　　－a princesa (↔a princesa)
「王子」　　　　　　　　　　　「王女」
o rei (↔o rei)「王」　　　　 －a raiña [reiña] (↔a rainha)
　　　　　　　　　　　　　　　「女王」

③　男性形と女性形が同じ名詞，つまり状況によって性の定まるもの．

o[a]asceta (↔ o[a]asceta)「苦行者」, o[a]atleta (↔ o[a]atleta)「運動選手」, o[a]benxamín(↔o[a]caçula)「末っ子」, o[a]camarada (↔o[a]camarada)「仲間」, o[a]colega (↔ o[a]colega)「同僚」, o[a]doente (↔o[a]doente)「病人」, o[a]esculca(↔o[a]espia)「スパイ」, o[a]estoa(↔o tolo, a tola)「間抜け」, o[a]estudiante (↔ o[a]estudante)「学生」, o[a]frautista(↔o[a]flautista)「フルート奏者」, o[a]inmigrante (↔o[a]imigrante)「移住者」, o[a]florista (↔o[a]florista)「花屋」, o[a]herexe(↔o[a]herege)「異端者」, o[a]intérprete (↔ o[a]intérprete)「通訳」, o[a]xove (↔ o[a]jovem)「若者」, o[a]mártir (↔o[a]mártir)「殉教者」, o[a]paria (↔o[a]pária)「不可触賎民」, o[a]parricida (↔ o[a]parricida)「尊属殺人者」, o[a]patriota(↔o[a]patriota)「愛国者」, o[a]positivista(↔o[a]positivista)「実存主義者」, o[a]suicida(↔

o[a]suicida)「自殺者」, o[a]torda(↔o estúpido, a estúpida)「馬鹿者」, o[a]xornalista (↔o[a]jornalista)「新聞記者」

④ 実際には男女の区別があっても，文法上は１つの性しか持たないもの．

a aguia (↔ a águia)「ワシ」, o apóstolo (↔ o apóstolo)「使徒」, a balea(↔a baleia)「鯨」, a bolboreta(↔a borboleta)「蝶」, a cobra (↔a cobra)「蛇」, o cónxuge (↔o cônjuge)「配偶者」, a criatura (↔a criança)「子供」, a formiga (↔a formiga)「アリ」, o individuo(↔o indivíduo)「個人」, o lagarto (↔ o lagarto)「トカゲ」, a mosca (↔ a mosca)「ハエ」, o moucho (↔a coruja)「フクロウ」, a persoa (↔a pessoa)「人」, a sardiña (↔a sardinha)「イワシ」, a testemuña (↔a testemunha)「証人」, o tigre(↔o tigre)「トラ」, a víctima (↔a vítima)「犠牲者」, o xabarín (↔a javali)「イノシシ」, a xirafa (↔a girafa)「キリン」

* 動物の雄，雌を区別する必要がある場合は，後ろにmacho(↔macho)「雄」, femia (↔fêmea)「雌」を付ける．

例：a onza femia (↔a onça fêmea)「雌のジャガー」．

2）無生物の名詞は語尾によって性が決まる．

① 一般に語尾が-oで終わる語は男性名詞, -aで終わるものは女性名詞である．

o camiño (↔o caminho)「道」, o libro (↔o livro)「本」, o reloxo (↔o relógio)「時計」, a casa (↔a casa)「家」, a mesa (↔a mesa)「食卓」, a porta (↔a porta)「扉」

*例外：o aroma (↔o aroma)「香り」, o clima (↔ o clima)「気候」, o cometa (↔o cometa)「彗星」, o día (↔ o dia)「日」, o diadema (↔o diadema)「髪飾り」, o dilema (↔o dilema)「ジレンマ」, o idioma(↔o idioma)「言語」, o mapa (↔o mapa)「地図」, o poema(↔o poema)「詩」, o programa (↔o programa)「プログラム」, o problema(↔o problema)「問題」, o sistema (↔o sistema)「システム」, o telegrama

(↔o telegrama)「電報」; a dínamo (↔o dínamo)「発電機」, a foto (↔a foto)「写真」, a moto (↔a moto)「オートバイ」, a polio (↔o pólio)「ポリオ」, a radio (↔o rádio)「ラジオ」, a tribo (↔a tribo)「種族」, など.

② -e (-axe, -se, -ite, -ade), -ción, -zに終わる語は, 大部分, 女性名詞になる.

a fonte (↔a fonte)「泉」, a xente (↔a gente)「人々」, a paisaxe (↔a paisagem)「風景」, a viaxe (↔a viagem)「旅行」, a análise (↔a análise)「分析」, a crise (↔a crise)「危機」, a noite (↔a noite)「夜」, a hepatite (↔a hepatite)「肝炎」, a cidade (↔a cidade)「都市」, a dificultade (↔a dificuldade)「困難」, a soidade (↔a soledade)「孤独」, a canción(↔a canção)「歌」, a información(↔a informação)「情報」, a luz (↔a luz)「光」, a voz (↔a voz)「声」

＊ⅰ) -eに終わる語には, 多くの例外があるうえに, -(u)meと-oteで終わる場合は, 通常, 男性名詞になる. 例：o dente (↔o dente)「歯」, o fraude (↔a fraude)「不正」, o leite (↔o leite)「ミルク」, o peixe (↔o peixe)「魚」, o sangue (↔o sangue)「血」, o costume (↔o costume)「習慣」, o exame (↔o exame)「試験」, o nome (↔o nome)「名前」, o dote (↔o dote)「天賦の才」, o lote(↔o lote)「分け前」, など. 例外としては, a pesadume (↔o pesadume)「悲しみ」, a podredume (↔a podridão)「腐敗」, a servidume (↔a servidão)「隷従」, がある.

ⅱ) ガリシア語の-axeに終わる語は女性名詞となり, 普通, ポルトガル語では-agemとなる語が対応している. しかし, o paxe(↔o pajem)「従者」, o traxe (↔o traje)「衣服」, やo garaxe (↔a garage)「ガレージ」, o personaxe (↔o [a] personagem)「人物」, などは例外である.

ⅲ) -zに終わる語の性の例外としては, o arroz (↔o arroz)「米」, o nariz (↔o nariz)「鼻」, o chafariz (↔o chafariz)「噴水」, がある.

③ -orに終わる語は女性名詞になる.

a calor (↔o calor)「熱」, a cor (↔a cor)「色」, a dor (↔

a dor)「痛み」, a suor (↔o suor)「汗」
* o amor (↔o amor)「愛」, o fedor (↔o fedor)「悪臭」, o rotor (↔o rotor)「ローター」, o terror (↔o terror)「恐怖」など，多くの例外がある．

④ その他の子音で終わる語は，普通，男性名詞となる．

o alcol (↔o álcool)「アルコール」, o fútbol (↔o futebol)「サッカー」, o dolmen (↔o dólmen)「ドルメン」, o lugar (↔o lugar)「場所」, o gas (↔o gás)「ガス」, o cal (↔a cal)「石灰」, o mar (↔o mar)「海」

*例外：a cal [a canle・o [a] canal] (↔o canal)「運河」, a catedral (↔a catedral)「カテドラル」, a cutis (↔a cútis)「皮膚」, a man (↔a mão)「手」, a moral (↔a moral)「道徳」, など．

(2) 性別について注意すべき語

1) ガリシア語では，曜日はすべて男性名詞となる．ただし，異形にはポルトガル語と類似の女性形のものもある．

ガリシア語		ポルトガル語	
o domingo	↔	o domingo	「日曜日」
o lu(n)s[a segunda feira]	↔	a segunda-feira	「月曜日」
o martes[a terceira feira]	↔	a terça-feira	「火曜日」
o mércores[a carta feira]	↔	a quarta-feira	「水曜日」
o xoves[a quinta feira]	↔	a quinta-feira	「木曜日」
o vernes[a sexta feira]	↔	a sexta-feira	「金曜日」
o sábado	↔	o sábado	「土曜日」

2) ガリシア語とポルトガル語とで性の異なる語がある．

ガリシア語		ポルトガル語	
a calor	↔	o calor	「暑さ」
a[o] cal[canal・canle]	↔	o canal	「運河」
a diadema	↔	o diadema	「王冠」
a dínamo	↔	o dínamo	「発電機」

a pesadume	↔ o pesadume	「悲しみ」
a radio	↔ o rádio	「ラジオ」
a suor	↔ o suor	「汗」
o cal	↔ a cal	「石灰」
o fraude	↔ a fraude	「詐欺」
o garaxe	↔ a garage(m)	「ガレージ」
o personaxe	↔ a[o] personagem	「人物」
o vals	↔ a valsa	「ワルツ」

3) 性の違いによって意味の異なる語がある．ポルトガル語においても，大体，同様の単語が存在している．

o cabeza(↔o cabeça)「指導者」－ a cabeza(↔a cabeça)「頭」
o cal(↔a cal)「石灰」　　　　－ a cal(↔o canal)「運河」
o capital(↔o capital)「資本」－ a capital(↔a capital)「首都」
o corte(↔o corte)「切断」　　－ a corte(↔a corte)「宮廷」
o guía(↔o guia)「案内人」　　－ a guía(↔a guia)「案内」
os lentes(↔os óculos)「メガネ」－ as lentes(↔as lentes)「レンズ」
o trompeta(↔o trombeta)「トランペット奏者」
　　　　　　　　　－ a trompeta(↔a trombeta)「トランペット」

4) 男性形が個別の物を指し，女性形が総称あるいは集合を示す．ポルトガル語において対応する語が存在しているもののみを掲げておく．

o leño(↔o lenho)「薪」　　　－ a leña(↔a lenha)「材木」
o madeiro(↔o madeiro)「丸太」－ a madeira(↔a madeira)「材木」
o ovo(↔o ovo)「卵」　　　　－ a ova(↔a ova)「はらこ」
o ramo(↔o ramo)「枝」　　　－ a rama(↔a rama)「枝葉」

5) 男性形に比して，女性形の方が大きいものを表す．この場合，男性形は相対的に小さいだけでなく，軽蔑的なニュアンスを含んでいることがある．ポルトガル語に対応する単語があるものに限っておく．

o cesto(↔o cesto)「小さな篭」－ a cesta(↔a cesta)「大きな篭」
o cubo(↔o cubo)「立方体」　 － a cuba(↔a cuba)「大樽」

o cuño(↔o cunho)「刻印」　　　− a cuña(↔a cunha)「楔」
o gadaño(↔o gadanho)「熊手」− a gadaña(↔a gadanha)「大鎌」
o mazo(↔o maço)「小槌」　　　− a maza(↔a maça)「大槌」
o penedo(↔o penedo)「岩」　　− a peneda(↔a penedia)「岩塊」
o pipo(↔o pipo)「小さな樽」　 − a pipa(↔a pipa)「大きな樽」
o pozo(↔o poço)「井戸」　　　 − a poza(↔a poça)「水たまり」
o sacho(↔o sacho)「小型の鍬」− a sacha(↔a sacha)「鍬」

6) ガリシア語でもポルトガル語でも，アルファベットの文字，河川，山，岬，海洋，方位，などを示す語は男性名詞となる．

　o a (↔o a)「アルファベットのa」, o Atlántico (↔o Atlântico)「大西洋」, o Mediterráneo(↔o Mediterrâneo)「地中海」, o leste(↔o este)「東」，など．

7) 果物の名前とその果物のなる木は，一般的に，女性名詞となるものが多い．

a ameixa(↔a ameixa)「スモモ」
　　　　　　　− a ameixeira(↔a ameixeira)「スモモの木」
a cereixa(↔a cereja)「サクランボ」
　　　　　　　− a cerexeira(↔a cerejeira)「桜」
a mazá(↔a maçã)「リンゴ」
　　　　　　　− a maceira(↔a macieira)「リンゴの木」
a néspera(↔a nêspera)「ビワ」
　　　　　　　− a nespereira(↔a nespereira)「ビワの木」
a noz(↔a noz)「クルミ」
　　　　　　　− a nogueira(↔a nogueira)「クルミの木」
a pera(↔a pera)「ナシ」
　　　　　　　− a pereira(↔a pereira)「ナシの木」

　＊ⅰ) 両方とも男性名詞になるものや性を異にするものもある．
　　o limón(↔o limão)「レモン」
　　　　　　　　− o limoeiro(↔o limoeiro)「レモンの木」
　　o pexego(↔o pêssego)「モモ」
　　　　　　　　− o pexegueiro(↔o pessegueiro)「モモの木」

o figo(↔o figo)「イチジク」
　　　　　　　　－ a figueira(↔a figueira)「イチジクの木」
ii) 果物を産しない木は男性名詞になるのが普通である．
　o amieiro(↔o amieiro)「ハンノキ」, o bieiteiro(↔o sabugueiro)「ニワトコの木」, o carballo(↔o carvalho)「オーク」, o loureiro(↔o loureiro)「ゲッケイジュ」, o piñeiro(↔o pinheiro)「松」, o salgueiro(↔o salgueiro)「柳」

3　名詞の数

ポルトガル語と同様に，名詞には単数と複数の区別があり，複数形の名詞の語尾は-sとなる．

(1) 名詞の数変化

1) 母音に終わる名詞には，アクセントの有無や二重母音であるかどうかにかかわらずに -s をつける．
　　a folla(↔a folha)「葉」　　　→ as follas(↔as folhas)
　　o home(↔o homem)「男」　→ os homes(↔os homens)
　　a la(↔a lã)「羊毛」　　　　→ as las(↔as lãs)
　　a mesa(↔a mesa)「食卓」　→ as mesas(↔as mesas)
　　o café(↔o café)「コーヒー」→ os cafés(↔os cafés)
　　o illó(↔o pântano)「沼地」→ os illós(↔os pântanos)
　　a irmá(↔a irmã)「姉妹」　→ as irmás(↔as irmãs)
　　o boi(↔o boi)「雄牛」　　　→ os bois(←os bois)
　　a lei(↔a lei)「法律」　　　　→ as leis(↔as leis)
　＊母音に終わる名詞に -s を加えて複数形を作ることはポルトガル語の場合と，原則的には，同じと言える．ただし，ポルトガル語には，二重鼻母音 -ão で終わる語の複数形は，その語によっては，-ães や -ões になるものがある点が異なっている．

2) -n に終わる語にも -s を加える．
　　o botón(↔o botão)「ボタン」　→ os botóns(↔os botões)
　　o can(↔o cão)「犬」　　　　　→ os cans(↔os cães)
　　o lambón(↔o lambão)「大食家」→ os lambóns(↔os lambões)

o patín(↔o patim)「スケート靴」→ os patíns (↔os patins)
*ちなみに，ポルトガル語では -n の形をもつ語は例外的である.
3) -r, -s, -z に終わる場合には -es をつける. ただし, -z は -c として -es をつける.

    a calor(↔o calor)「暑さ」→ as calores(↔os calores)
    a dor(↔a dor)「痛み」　→ as dores(↔as dores)
    o país(↔o país)「国」　→ os países(↔os países)
    o compás(↔o compasso)「コンパス」
                                → os compases(↔os compassos)
    a luz(↔a luz)「光」　　　→ as luces(↔as luzes)
    a noz(↔a noz)「クルミ」→ as noces(↔as nozes)

* ⅰ) ガリシア語では -m で終わる語はほとんどないが，この場合も同様である.
    例：o álbum(↔o álbum)「アルバム」
                            → os álbumes(↔os álbuns)
ⅱ) -s [-x] で終わる語でも，その音節にアクセントのない場合は，単数・複数が同形になる. この点に関してはポルトガル語も同様である.
例：o atlas(↔o atlas)「地図帳」→ os atlas(↔os atlas)
    o lapis(↔o lápis)「鉛筆」　→ os lapis(↔os lápis)
    o oasis(↔o oásis)「オアシス」→ os oasis(↔os oásis)
    o ómnibus(↔o ônibus)「バス」
                            → os ómnibus(↔os ônibus)
    o vernes(↔a sexta-feira)「金曜日」
                            → os vernes(↔as sextas-feiras)
    o clímax(↔o clímax)「クライマックス」
                            → os clímax(↔os clímax)
ⅲ) ポルトガル語と比して, -z で終わる単語の複数形には注意すること.
ⅳ) 単数形と複数形とで，アクセントの位置の異なる語が若干ある.
    例：o carácter(↔o caráter)「性格」
                            → os caracteres(↔os caracteres)
ⅴ) ポルトガル語と同様に，o compás→os compases, o francés→

os franceses, などのように複数形で綴り字記号が脱落する語が存在する．
4) -l で終わる語の場合は，最後の音節のアクセントの有無によって，2通りになる．
① アクセントのある音節で終わるときは，-l を -is に代える．ただし，-il の場合は -iis ではなく，-ís となる．
o animal(↔o animal)「動物」→ os animais(↔os animais)
o barril(↔o barril)「樽」 → os barrís(↔os barris)
o cadril(↔o quadril)「臀部」→ os cadrís(↔os quadris)
o caracol(↔o caracol)「カタツムリ」
→ os caracois(↔os caracóis)
o papel(↔o papel)「紙」 → os papeis(↔os papéis)
* i) 例外：aquel(↔aquele)「あの」→aqueles(↔aqueles), o aval(↔o aval)「保証」→os avales(↔os avais/avales), o control(↔o controle)「統制」→ os controles(↔os controles)
ii) -l>-les あるいは -l>-s となることがある．例：o animal → os animales あるいは os animás, など．
② アクセントのない -l で終わる語には -es を加える．
o cônsul(↔o cônsul)「領事」→ os cônsules(↔os cônsules)
o fóssil(↔o fóssil)「化石」 → os fósiles(↔os fósseis)
o níquel(↔o níquel)「ニッケル」
→ os níqueles(↔os níqueis)
o túnel(↔o túnel)「トンネル」→ os túneles(↔os túneis)
* i) この場合，ポルトガル語においては，例外的な語を除いて，通常は -l を -is に変えるが，アクセントのない -il に終わる語は -eis の形になる．
例：o fóssil→os fósseis, o réptil→os répteis, など．
また一般に名詞と形容詞の数変化は同じであるが，ガリシア語でもアクセントのない -il で終わる形容詞の場合には，-eis となる．
例：fácil→fáceis, móvil→móveis, など．
ii) ガリシア語では短音節語にも -es を付けるが，ポルトガル語の場合

は，その語によっている．

例：o cal(↔a cal)「石灰」→os cales(↔as cais), el(↔ele)「彼は」→eles(↔eles), o fel(↔o fel)「胆嚢」→os feles(↔os féis/feles), o fol(↔o fole)「ふいご」→os foles(↔os foles), o gol(↔o gol)「ゴール」→os goles(↔os goles/góis), o mal(↔o mal)「悪」→os males(↔os males), o mel(↔o mel)「蜂蜜」→os meles(↔os meles/méis), o mil(↔o mil)「千」→os miles(↔os mil), a pel(↔a pele)「皮膚」→as peles(↔as peles), o ril(↔o rim)「腎臓」→os riles(↔os rins), o rol(↔o rol)「名簿」→os roles(↔os róis), o sal(↔o sal)「塩」→os sales(↔os sais), o sol(↔o sol)「太陽」→os soles(↔os sóis), o tul(↔o tule)「チュール」→os tules(↔os tules), o val(↔o vale)「谷」→os vales(↔os vales), など．

(2) 普通，複数形で使われる語がある．

os anais(↔os anais)「年譜」, as andas(↔as andas)「輿(こし)」, os arredores(↔os arredores)「近郊」, os bens(↔os bens)「財産」, as vodas(↔as bodas)「結婚式」, os cartos(↔o dinheiro)「お金」, as cóxegas(↔as cócegas)「くすぐったさ」, as exequias(↔as exéquias)「葬儀」, as lentes(↔os óculos)「メガネ」, as nupcias(↔as núpcias)「結婚」, os pantalóns(↔as calças)「ズボン」, os víveres(↔os víveres)「食糧」, など．

4 冠詞

(1) 不定冠詞

不定冠詞は基本的には，初めて話題になった名詞あるいは情況的に特定されない名詞など，聞き手に了解されていない名詞の前に付けられ，性数の変化を持っている．

	ガリシア語		ポルトガル語	
	単数	複数	単数	複数
男性	un	uns	um	uns
女性	unha	unhas	uma	umas

＊ⅰ）unha・unhaの発音に注意すること（→子音"n"の発音）．
　ⅱ）不定冠詞のついた名詞の例：un tolo（↔um louco）「ある気違い」, uns nenos（↔uns meninos）「数人の子供」, unha rapaza（↔uma menina）「ある少女」, unhas mazás（↔umas maçãs）「数個のリンゴ」
　ⅲ）男性複数形には地域によって，us あるいは unhos や uis や unhes の異形も見られる．
　ⅳ）女性単数形にも ua，ó などの異形が存在する．

(2) 不定冠詞と前置詞との縮合形

	ガリシア語				ポルトガル語			
不定冠詞	un	uns	unha	unhas	um	uns	uma	umas
前置詞 con	cun	cuns	cunha	cunhas	com	—	—	—	—
前置詞 de	dun	duns	dunha	dunhas	de	dum	duns	duma	dumas
前置詞 en	nun	nuns	nunha	nunhas	em	num	nuns	numa	numas

＊ⅰ）ガリシア語には，前置詞aと縮合して on, ons, onha, onhas という方言的な形もある．
　ⅱ）ポルトガル語においては，comとの縮合形は存在しないだけでなく，de・em場合でも，縮合しない形も許容される．
　ⅲ）不定冠詞と前置詞との縮合形の例： cun home（↔com um homem）「ある男と」, dunha vez（↔duma vez [de uma vez]）「一度に」, nunha igrexa（↔numa igreja [em uma igreja]）「ある教会において」
　ⅳ）ガリシア語でもポルトガル語でも，o caso de un veciño estar en desacordo（↔o caso de um vizinho estar em desacordo）「ある隣人が同意していない場合」のように（不定）冠詞が主格あるいは目的格の名詞に付いている場合は縮合しない．

(3) 定冠詞

定冠詞はすでに話題にされた特定の名詞や情況的に話し相手に了解されている名詞の前に置かれるのが基本である．不定冠詞と同様に性数変化を有している．

	ガリシア語		ポルトガル語	
	単数	複数	単数	複数
男性	o	os	o	os
女性	a	as	a	as
中性	o ||| o		

* i) 定冠詞のついた名詞の例：o home(↔o homem)「男」, a muller (↔a mulher)「女」, o cabalo(↔o cavalo), a egua(↔a égua)「雌の馬」, o ceo(↔o céu)「空」, a terra(↔a terra)「土地」, o rei[el rei](↔o rei[el-rei])「王」, os reis(↔os reis)「王たち」, as raiñas(↔as rainhas)「女王たち」

ii) 定冠詞の用法は，ポルトガル語におけるのとほぼ変わらない，すなわち，呼びかけの場合には不要であるし，人名の前につけて親しみのニュアンスを加えたりする．

iii) ガリシア語にもポルトガル語にも，第 2 形の lo・los・la・las が存在している．ガリシア語では，これらは動詞の活用語尾（不定詞も含めて）が -r・-s に続くときや，（不定）代名詞・弱勢の代名詞・前置詞・接続詞（e mais）の -s の後において，さらに疑問詞 u（この場合は，代名詞との混同を避けるためにダッシュを入れる：例：¿U-lo neno? (↔Cadê o menino?「その子はどこにいるの？」）などに続いて置かれる場合，などに現れる（→13直接目的格の人称代名詞）．

　表記は次の例のように 2 通り存在するが，発音は一般に縮合した形でなされる．

例：tódolos demos[todos os demos](↔todos os demônios)「すべての悪魔」

ámbolos dous[ambos os dous](↔ambos os dois)「二人とも」

ちなみに，ポルトガル語においては，これらの形が現れるのは，前置詞 por との縮合形（pelo・pelos・pela・pelas）の場合に限られている．そして，両語とも中性の lo は持っていない．例：o bo(↔o bom)「良いこと，善」, o mao(↔o mau)「悪いこと，悪」

iv) 副詞 eis(↔eis)「ここに～がある」の直後でもこの第 2 形が使われる．

例：Ei-los libros.(Eis os livros.)「ここにそれらの本がある.」

(4) 定冠詞と前置詞との縮合形

	ガリシア語				ポルトガル語			
定冠詞	o	os	a	as	o	os	a	as
前置詞 a	ó	ós	á	ás	a	ao	aos	à	às
前置詞 con	co	cos	coa	coas	com	—	—	—	—
前置詞 de	do	dos	da	das	de	do	dos	da	das
前置詞 en	no	nos	na	nas	em	no	nos	na	nas
前置詞 por	polo	polos	pola	polas	por	pelo	pelos	pela	pelas

* ⅰ) 定冠詞と前置詞との縮合形の例：na casa (↔ na casa)「その家に」, ó cine (↔ao cinema)「映画館へ」

ⅱ) ó・ós・á・ásの代わりに，それぞれ，ò・òs・à・àsと表記されることもある．

ⅲ) coa, coasの代わりにca, casの形も存在するがあまり一般的ではない．

ⅳ) porとの縮合を認めない人や地域もある．

ⅴ) 比較の接続詞caと縮合してcó, cá, cós, cásとなる (→36形容詞・副詞の比較級).

5 主格人称代名詞

	ガリシア語		ポルトガル語	
	単 数	複 数	単 数	複 数
1人称	**eu** 私	**nós**[nosoutros, -ras] 私たち	**eu** 私	**nós** 私たち
2人称	**ti** 君	**vós**[vosoutros, -ras] 君たち	**tu** お前	**vós** お前たち
3人称	**el** 彼 **ela** 彼女	**eles** 彼ら **elas** 彼女ら	**ele** 彼 **ela** 彼女	**eles** 彼ら **elas** 彼女ら

			você	vocês
			君	君たち
	vostede	vostedes	o senhor	os senhores
	あなた	あなたたち	あなた(男)	あなたたち(男・男女)
			a senhora	as senhoras
			あなた(女)	あなたたち(女)

1) ガリシア語の1人称と2人称の複数形には，それぞれ，不特定の[あるいは包括的な]「私たち」，「君たち」を表す「nós」・「vós」の形だけでなく，特定の[あるいは排他的な]，つまりある特定の集団に帰属する「私たち」，「君たち」を示す「nosoutros, -ras」・「vosoutros, -ras」といういわゆる強調形も存在している。もちろん，状況的に特定されない場合には，「nós」・「vós」が用いられる．ポルトガル語には見られないこのような区別はガリシアの大部分の地域においてなされている，と言われているが，両者を区別せず，「nós」・「vós」しか使わない地方もある．

2) ガリシア語の2人称単数形「ti」は方言として「tu」の形もある（ルーゴ県とオレンセ県）．

3) ポルトガル語の「vós」と同様に，ガリシア語の「vós」も単数の話し相手に対して使われた場合は丁寧な形の一つと考えられるが，それは文語あるいは古形とされている．

　　¿Vós vindes ó casamento da miña filla?
　　貴方様は私の娘の結婚式に来ていただけますか？
　　(O senhor vem ao casamento da minha filha?)
　　[vindes：virの直説法現在2人称複数形)]

4) ポルトガル語の「o senhor」・「os senhores」・「a senhora」・「as senhoras」に，大体，対応するのが「vostede」・「vostedes」，すなわち，初対面の人や目上の人に対する丁寧な形である．ブラジルのポルトガル語では，普通，「tu」・「vós」の代わりに使われる「você」・「vocês」はガリシア語では「ti」・「vós」[vosoutros・ras]が相当する形と言える．

— 44 —

5）ガリシア語では「el」・「eles」・「ela」・「elas」が意味上の2人称として，つまり，「あなた」・「あなたたち」という幾分丁寧な呼称として使われることがある．ただし，この形の丁寧さは，親しい人々の間で用いられる「ti」・「vós」と「vostede」・「vostedes」との中間に位置するとされている．

　¿El de onde vén?　あなたはどちらのご出身ですか？

　　（De onde você vem?）[vén：virの直説法現在3人称単数形]

6）ガリシア語の3人称の「el」・「eles」は「il」・「iles」という異形も見られる（オレンセ県中部とルーゴ県南部の口語）．

7）古い形として3人称に中性の代名詞「elo（そのこと）」が存在したが，今では「el」や中性の指示代名詞isoが使われるのが普通である．

8）ガリシア語でもポルトガル語でも，主格人称代名詞は文意を明らかにする時や意味を強調する場合以外は，文意が不明確にならない範囲で省略できる．もちろん，3人称の「el」・「eles」・「ela」・「elas」は人だけでなく，それぞれ男性名詞，女性名詞も受けられる．

6　形容詞の性数変化と位置

(1) 形容詞の性変化

　ポルトガル語と同様に，ガリシア語の形容詞も性数の変化をする．数変化は名詞の場合と同じであるから，ここでは形容詞の性変化のみを見ておきたい．

1）-o に終わる語の場合は，それを -a に変える．
　　blanco(↔branco)「白い」　　　→ blanca(↔branca)
　　fermoso(↔formoso)「美しい」→ fermosa(↔formosa)
　　longo(↔longo)「長い」　　　　→ longa(longa)
　　malo(↔mau)「悪い」　　　　　→ mala(↔má)
　＊i）例外として，アクセントのある"o"に終わる場合には，通常，"a"を付加する．
　　　bo (↔bom)「良い」　　→ boa (↔boa)

  só (↔só)「ただ一人の」 → soa (↔só)
 ⅱ) Santo「聖……」は，ガリシア語においてもポルトガル語においても，子音で始まる名詞の前では San (↔ São)，母音で始まる名詞の前では Santo になる．ただし，女性名詞を修飾する時は Santa (↔ Santa) となり，語尾の脱落は起こらない．ただし，Cristo の前では Santo の形を保つ．

  San Tomé(↔São Tomé)「聖トメ」
  Santo Antonio(↔Santo Antônio)「聖アントニオ」
  Santa María(↔Santa Maria)「聖マリア」
  Santo Cristo(↔Santo Cristo)「聖キリスト」

 ちなみに，grande(↔grande)「大きい」は，ガリシア語においては名詞の前で grande と gran の二つの形が許容されるが，ポルトガル語では脱落形 grão は合成語にしか用いられない．例：Grã-Bretanha「グレートブリテン」，Grão-Duque「大公爵」．

2) -n に終わる語は次のようになる．
 ① -án・-an に終わる語は，語によって -á・-a あるいは -ana
 aldeán(↔aldeão)「村の」　　 → aldeá (↔aldeã)
 cotián(↔cotidiano)「日常の」→ cotiá (↔cotidiana)
 chan(↔chão)「平らな」　　　→ cha (↔chã)
 san(↔são)「健康な」　　　　→ sa (↔sã)
 folgazán(↔preguiçoso)「怠惰な」
          → folgazana (↔preguiçosa)

 ② -ón に終わる語は -oa・-ona
 chorón(↔chorão)「泣き虫の」
      → choroa・chorona(↔chorona)
 ladrón(↔ladrão)「盗癖のある」
      → ladroa・ladrona(↔ladroa・ladrona)
 lambón(↔lambão)「大食する」
      → lamboa・lambona(↔lambona)

＊ⅰ) ladrón の女性形には ladra (↔ladra) もある．
 ⅱ) その他，ruín(↔ruim)「悪い」 → ruín・ruíña(↔ruim)，など特殊な女性形をもつ形容詞もある．

3) -or, -és, -u で終わる語には a を付け加える．
   falador(↔falador)「話好きな」→ faladora(↔faladora)
   morador(↔morador)「住む」→ moradora(↔moradora)
   invasor(↔invasor)「侵略の」→ invasora(↔invasora)
   montañés(↔montanhês)「山の」
   　　　　　　　　　　　　→ montañesa(↔montanhesa)
   xaponés(↔japonês)「日本の」→ xaponesa(↔japonesa)
   cru(↔cru)「生の」　　　　→ crúa(↔crua)
   nu(↔nu)「裸の」　　　　　→ núa(↔nua)
   * i) maior(↔maior)「より大きい」, mellor(↔melhor)「より良い」, exterior(↔exterior)「外部の」, などのような比較級的な意味を持つものは性変化をしない．
   ii) cortés(↔cortês)「礼儀正しい」は例外で，男女同形である．
   iii) xudeu(↔judeu)「ユダヤの」→ xudía(↔judia)も例外である．
4) その他のものは男女同形になる．
   agrícola(↔agrícola)「農業の」, persa(↔persa)「ペルシャの」, capaz(↔capaz)「有能な」, feliz(↔feliz)「幸福な」, lanzal(↔esbelto)「すらりとした」, fiel(↔fiel)「忠実な」, regular(↔regular)「規則的な」, vulgar(↔vulgar)「ありふれた」, nobre(↔nobre)「高貴な」, lene(↔suave)「快い」, carmesí(↔carmesim)「深紅色の」, común(↔comum)「普通の」, marrón(↔marrom)「栗色の」，など．
   *例外：español(↔espanhol)「スペインの」→ española(↔espanhola)
   　　　andaluz(↔andaluz)「アンダルシアの」→ andaluza(↔andaluza)

(2) 形容詞の位置

形容詞の位置は，通常，修飾する名詞の後に置かれて，性数一致する．しかし，強調するときには前に置かれることもある．
   o home alto(↔o homem alto)「その背の高い男」
   os homes altos(↔os homes altos)「それらの背の高い男たち」

a muller alta(↔a mulher alta)「その背の高い女」

as mulleres altas(↔as mulheres altas)「それらの背の高い女たち」

* i) 単音節や名詞の属性を示す形容詞，指示・所有・不定形容詞などの特殊なものの位置は，一般に，名詞の前である．

    bo tempo(↔bom tempo)「良い天気」, o doce mel(↔o mel doce)「甘い蜜」

  ii) 形容詞によっては，後ろに来ると本来の（あるいは客観的）意味を表し，前に置かれると意味が拡大・強調・抽象化（あるいは主観的）したりするものがある．この点はポルトガル語と変わるところはない．

    o rei novo(↔o rei novo)「若い王」 － o novo rei(↔o novo rei)「今度の王」

    o soldado simple(↔o soldado simples)「素朴な兵士」 － o simple soldado(↔o simples soldado)「一兵卒」

    a historia triste(↔a história triste)「悲しい物語」 － o triste salario(↔o triste salário)「僅かな給料」

  iii) もちろん，形容詞は主格補語，目的格補語としても使われる．

7　動詞の活用のしくみ

(1) 動詞の分類

　ガリシア語の動詞の活用には，第1活用(-ar)，第2活用(-er)，第3活用(-ir)の3通りがある．しかし，第2活用動詞poñer（とその派生語：repoñer：repor, dispoñer：dispor, supoñer：supor, etc）は異形pór（ポルトガル語のpôrに対応する形）もあるが，それは第2変化の縮約形と考えられる．

 1) ポルトガル語と同様に，「人称」には1人称・2人称・3人称の区別があり，それぞれ単数形と複数形とがある．

 2) 語源が同じであっても，atraer, caer [caír], contraer, decaer, distraer, extraer, recaer, traer；arrepentir, batir, concebir, dicir, elexir, escribir, recibir, sufrir, vivir（ポルトガル語では，それぞれ，trair, cair, contrair, decair,

distrair, extrair, recair, trair；arrepender, bater, conceber, dizer, eleger, escrever, receber, sofrer, viver) などのように原形の語尾が異なるものがある．

(2) **動詞の法**

話者が叙述する内容に対して付与する性格を示す動詞の法は，ポルトガル語と同じく，ガリシア語でも以下の4通りある．

1）直説法：話者がある行為や状態を事実と見なして行う客観的な表現法
2）接続法：話者がある行為や状態を主観的に表現する方法
3）命令法：命令・希望・勧告などを示す表現法
4）不定法：動詞としての機能のほかに名詞としての働きも備えた表現法

(3) **動詞の時制**

動詞の表す行為や状態の時間的関係を示すのが時制である．以下に両語の対応する時制を掲げて置く．

	ガリシア語	ポルトガル語
直説法	現　　在	現　　在
	－	現在完了
	不完全過去	不完全過去
	完全過去	完全過去
	過去完了	過去完了
	未　　来	未　　来
	－	未来完了
	過去未来	過去未来
	－	過去未来完了
接続法	現　　在	現　　在
	過　　去	不完全過去
	－	完全過去
	－	過去完了
	未　　来	未　　来

| | － | ‖ 未来完了 |

1) ガリシア語には，ポルトガル語の現在完了に直接的に対応する単一の独立した時制は存在しないが，動詞迂言句で同様の表現が存在する（→32過去分詞を用いる表現）.
2) ガリシア語の過去完了は，通常，単純形のみである（→42直説法過去完了）.
3) ガリシア語にはポルトガル語の未来完了に直接的に対応する時制は存在しない（→39直説法未来）.
4) ポルトガル語の過去未来と過去未来完了はガリシア語では単純形の過去未来で表される．しかし，とくに前であることを強調するときには，「tería＋過去分詞」などの形が使われる（→40直説法過去未来）.
5) 接続法に関して，ガリシア語は現在形にはポルトガル語に対応する形を持つが，完全過去に対応する形を持たないので，それらは現在形や過去(や未来)，あるいは動詞迂言句などで表されるのが普通である（→47接続法過去）.

Cando te levantes, chama-me.
起きてしまったら，私を呼びなさい．
(Quando te tenhas levantado, chama-me.)
[levantes：levantarの接・現在2人称単数形]

Non creo que o vises.　君が彼を見たとは私は信じてません．
(Não creio que você o tenha visto.)
[vises：verの接・過去2人称単数形]

また，ポルトガル語の不完全過去と過去完了は，ガリシア語では過去で表される．しかし動作の完了を強調するときは，動詞迂言句：「haberの接続法過去＋過去分詞」で示される．

El tiña razón dabondo para que viñese.
彼は来るだけの理由があった．
(Ele tinha razão bastante para que viesse.)
[tiña：terの直・不完過3人称単数形]

[viñese：virの接・過去3人称単数形]
6) ポルトガル語の接続法未来と未来完了は，ガリシア語では未来で表される。しかし現代のガリシア語では，この未来形は法律用語にしかほとんど用いられないので，通常は現在形が用いられる（→48 接続法未来）。

8 直説法現在の活用

(1) -ar 動詞

	ガリシア語		ポルトガル語	
	fal-**ar**		fal-**ar**	
	単数	複数	単数	複数
1人称	fal-**o**	fal-**amos**	fal-**o**	fal-**amos**
2人称	fal-**as**	fal-**ades**	fal-**as**	fal-**ais**
3人称	fal-**a**	fal-**an**	fal-**a**	fal-**am**

* i) -earで終わる動詞は，ポルトガル語では不規則な活用をするが，ガリシア語では規則動詞である。ちなみに，ポルトガル語のnomearの活用は nomeio, nomeias, nomeia, nomeamos, nomeais, nomeiamとなる。

ii) -iarで終わる動詞の場合，ガリシア語では，1人称複数形と2人称複数形を除いて，動詞によって活用形のアクセントの位置が違っていることに注意すること。

　例えば, afiar［研ぐ］：afío, afías, afía, afiamos, afiades, afían であるのに対して，cambiar［変える］：cambio, cambias, cambia, cambiamos, cambiades, cambianとなる。しかし，ブラジルのポルトガル語では, odiar, ansiar, incendiar, mediar, remediarなどは不規則な活用（例, odiar：odeio, odeias, odeia, odiamos, odiais, odeiam）をするが，他のものは規則活用をする（ポルトガルではすべてodiarのパターンの不規則動詞となる）。

iii) -uar動詞に関しては，ポルトガル語では規則変化するが，ガリシア語の場合，-iar動詞と同じことが起こる点に気を付ける必要がある。

　例えば, recuar：recúo, recúas, recúa, recuamos,

recuades, recúan

minguar：minguo, minguas, mingua, minguamos, min-guades, minguan

(2) -er 動詞

	ガリシア語 com-**er**		ポルトガル語 com-**er**	
	単数	複数	単数	複数
1人称	com-**o**	com-**emos**	com-**o**	com-**emos**
2人称	com-**es**	com-**edes**	com-**es**	com-**eis**
3人称	com-**e**	com-**en**	com-**e**	com-**em**

＊ⅰ) ガリシア語の-cer動詞は，1人称単数形で，c→zに変えるという正書法上の注意が必要である．

　　　[ガリシア語]　　　　　　　[ポルトガル語]
例：aparecer[現れる] → aparezo　aparecer → apareço
　　coñecer[知る] 　　→ coñezo　conhecer → conheço

ⅱ) ポルトガル語と同様に，下記のようにガリシア語でも動詞によって活用形の語幹の母音"o"と"e"の発音が開口音になったり，閉口音になつたりする，いわゆる動詞の語幹の母音交替という現象である．このことは-ir動詞でも起こる．

例えば，第2変化の動詞beberとcomerの直説法現在・接続法現在・命令法は，以下のように母音交替をするため，発音上の注意が必要である．

　　　　　　beber　　　　　　　　　　　　comer

直説法現在		接続法現在	直説法現在		接続法現在
bebo[é]	：閉母音	beba[é]	como[ó]	：閉母音	coma[ó]
bebes[ɛ]	：開母音	bebas[é]	comes[ɔ]	：開母音	comas[ó]
bebe[ɛ]	：開母音	beba[é]	come[ɔ]	：開母音	coma[ó]
bebemos[e]	：閉母音	—	comemos[o]	：閉母音	—
bebedes[e]	：閉母音	—	comedes[o]	：閉母音	—
beben[ɛ]	：開母音	beban[é]	comen[ɔ]	：開母音	coman[ó]
命令法			命令法		

| bebe [é] ti | come [ó] ti |
| bebede [e] vós | comede [o] vós |

ただし，querer, quecer, esquecer, poderは1と2人称の複数形以外は開母音，deber, crer, lerはすべて閉母音となる．

(3) **-ir 動詞**

| ガリシア語 part-**ir** || ポルトガル語 part-**ir** ||
単数	複数	単数	複数
part-**o**	part-**imos**	part-**o**	part-**imos**
part-**es**	part-**ides**	part-**es**	part-**is**
part-**e**	part-**en**	part-**e**	part-**em**

（1人称／2人称／3人称）

* ガリシア語の1人称単数形で，以下のような正書法上の注意が必要な動詞がある．

i) -ucir動詞ではc→zに変える．ポルトガル語では-uzir動詞が語源的には対応しているが，その活用は異なる．

　［ガリシア語］　traducir［翻訳する］
　　traduzo, traduces, traduce, traducimos,
　　traducides, traducen
　［ポルトガル語］　traduzir：
　　traduzo, traduzes, traduz, traduzimos, traduzis,
　　traduzem

ii) -cir動詞でもc→zに変えるが，dicirとその派生動詞は除く．

　［ガリシア語］　resarcir［補償する］
　　resarzo, resarces, resarce, resarcimos, resarcides,
　　resarcen
　ちなみにガリシア語のdicir［言う］の活用は以下の通りである．
　dicir：digo, dis, di, dicimos, dicides, din (→22直説法現在の不規則動詞)．
　［ポルトガル語］　ressarcir
　　ressarço, ressarces, ressarce, ressarcimos, ressarcis, ressarcem

iii) -guir動詞の場合は，ガリシア語もポルトガル語も同じく，guのu

を落とす．
例：distinguir［区別する］→distingo

9 直説法現在の用法

(1) 現在の行為・状態（未来の確実な事柄も含めて）．
Estes días non **como** moito. このところ，あまり食べてません．
(Nestes dias não como muito.)
El **chega** mañá e eles **chegan** hoxe.
彼は明日着き，彼らは今日着きます．
(Ele chega amanhã e eles chegam hoje.)
Mañá **é** cinco de xuño. 明日は6月の5日です．
(Amanhã é cinco de junho.)［é：serの直・現在3人称単数形］

(2) 現在の習慣的あるいは反復する行為．
O exprés **para** en Santiago.
急行列車はサンティアゴに止まります．
(O expresso pára em Santiago.)
Sempre **ceamos** moi tarde.
私たちはいつもとても遅く夕食をとる．
(Sempre jantamos muito tarde.)
Tódolos días **levo** os［ós］nenos á praza.
毎日，私は子供達を広場へ連れて行く．
(Todos os dias levo os meninos à praça.)

＊　ポルトガル語と同様に，ガリシア語でも直接目的語が人間である場合でも，普通，前置詞"a"を置く必要はないが，目的語の名詞が固有名詞であったり血縁関係にある人であるとき（あるいは単に人の場合もある）には，"a"を伴うことがある（→13直接目的格の人称代名詞）．

(3) 変わらない事実・真理．
A Terra **xira** ó redor do Sol. 地球は太陽の周りを回っている．
(A Terra gira ao redor do sol.)
Tres e tres **son** seis. 3足す3は6である．
(Três e três são seis.)［son：serの直・現在3人称複数形］

(4) 歴史的現在.

En 1861 **celébranse** os primeiros Xogos Florais en Galicia.

1861年,最初の花の女神フローラの祭りがガリシアで開催される.

(Em 1861 celebram-se os primeiros Jogos Florais em Galiza.)[celébranse：celebrarseの直・現在3人称複数形]

(5) 命令.

Lévaslle isto a túa nai e **volves** aquí outra vez.

お前の母親にこれを持っていき,もう一度ここに戻ってきなさい.

(Levas isto a tua mãe e voltas aqui outra vez.)

10　ser・estarの直説法現在の活用と用法

(1) serの活用

	ガリシア語 ser 単数	ガリシア語 ser 複数	ポルトガル語 ser 単数	ポルトガル語 ser 複数
1人称	son[1]	somos[2]	sou	somos
2人称	es	sodes[3]	és	sois
3人称	é	son	é	são

＊　それぞれ,[1]so・sou・sun,[2]semos,[3]sondes・sos,の異形もある.

(2) serの用法

ポルトガル語と同じく,職業・身分・国籍などの永続的性質・属性を表す.

El é boa persoa.　彼はよい人です.

(Ele é boa pessoa.)

Eu son o presidente da compañía.　私は社長です.

(Eu sou o presidente da companhia.)

Ela é xaponesa.　彼女は日本人です.

(Ela é japonesa.)

Ti es rico.　君は金持ちです．
　　(Você é rico.)
Nós somos da Coruña.　私たちはコルーニャの出身です．
　　(Nós somos da Corunha.)
Estes libros son de Xoaquín.　これらの本はショアキンのです．
　　(Estes livros são de Xoaquín.)

(3) **estarの活用**

	ガリシア語 estar		ポルトガル語 estar	
	単数	複数	単数	複数
1人称	estou[1]	estamos	estou	estamos
2人称	estás	estades	estás	estais
3人称	está	están	está	estão

＊　[1]estónの異形も存在する．

(4) **estarの用法**

　estarは一時的な状態・人［物］の在り場所などを示す．

¿Como está vostede?　　ごきげんいかがですか？
　　(Como vai o senhor?)
Vós estades un pouco vellos.
　　君たちはすこし年を取っています．
　　(Vocês estão um pouco velhos.)
Vostede está listo para saír.
　　あなたは出掛ける準備ができています．
　　(O senhor está pronto para sair.)
Aquí están os billetes.　ここに切符があります．
　　(Aqui estão os bilhetes.)
Eles están na oficina.　彼らは事務所にいます．
　　(Eles estão no escritório.)
Hoxe está bo día.　今日はよい日です．

　　　　(Hoje está bom dia.)
　Estou a agardar por ela. (= Estou agardando por ela.)
　　私は彼女を待っているところです．
　　　　(Estou esperando por ela.)
　＊ⅰ) 動作の進行・継続は，普通，「estar＋不定詞」か「estar＋現在分詞」
　　　の形で表現される（→25現在分詞と進行形）．
　　ⅱ) 今にも起ころうとしている［近い未来の］動作を示す．これは
　　　「estar＋a［para］＋不定詞」でも表せる．
　　　　　Está a［para］chega-lo tren.
　　　　　　その列車は到着するところです．
　　　　　　(O trem está para chegar.)
　　　　　Está para saí-la terceira edición da miña novela.
　　　　　　私の小説の第3版がもうじき出ます．
　　　　　　(Está para sair a terceira edição da minha novela.)

11　指示詞

(1) 指示形容詞

	ガリシア語				ポルトガル語			
	男性		女性		男性		女性	
	単数	複数	単数	複数	単数	複数	単数	複数
この	este	estes	esta	estas	este	estes	esta	estas
その	ese	eses	esa	esas	esse	esses	essa	essas
あの	aquel	aqueles	aquela	aquelas	aquele	aqueles	aquela	aquelas

　＊ⅰ) iste(s), ista(s), ise(s), isa(s), aquil(es), aquila(s)の形も見
　　　られる．
　　ⅱ) este(s)・esta(s), ese(s)・esa(s)の代わりに，それぞれ，今日で
　　　はあまり使われない形，aqueste(s)・aquesta(s), aquese(s)・
　　　aquesa(s)もある．
　　ⅲ) estes, eses, aquelesには，それぞれ，estos, esos, aquelosの
　　　異形も存在する．
　1) 指示形容詞は，通常，名詞の前に置かれ，修飾する名詞の性・数

に一致する．しかし，定冠詞を伴って（あるいは伴わないで），名詞の後に置かれる場合には強調または軽蔑を表す．

　este paraguas(↔este guarda-chuva)「この傘」, aquel home (↔aquele homem)「あの男」, estas cousas (↔estas coisas)「これらの物」

　¡Que tempo ese! (↔ Que tempo esse!)「それはなんて時代だ」, ¡Que moza aquela! (↔ Que moça aquela!)「なんて娘だ」

2) ポルトガル語と同様に，空間的に，一番近い物から，este（1人称の近くの物）→ese（2人称の近くの物）→aquel（3人称の近くの物）となる．また時間的にも，este→ese→aquelの順で使われる．

　esta tarde (↔esta tarde)「今日の午後」, eses días (↔esses dias)「その頃」, aquela época (↔aquela época)「あの時代」

(2) **指示代名詞**

	ガリシア語	ポルトガル語
	中　性	中　性
これ	isto	isto
それ	iso	isso
あれ	aquilo	aquilo

＊i) ポルトガル語と同様に，ガリシア語でも前述の指示形容詞をそのままの形で代名詞として使うが，アクセントのあるeに[´]をつけることもある．

　　O meu libro é este [éste].　私の本はこれです．
　　　(O meu livro é este.)

ii) 中性のisto・iso・aquiloは，それぞれ，esto・eso・aqueloの形もある．

　　Isto [Esto] non é bo.　これはよくない．
　　　(Isto não é bom.)

(3) **指示詞の縮合**

1) 前置詞de, enとの縮合形

ガリシア語

de+este(s)→**deste(s)**	de+esta(s)→**desta(s)**
de+ese(s)→**dese(s)**	de+esa(s)→**desa(s)**
de+aquel(es)→**daquel(es)**	de+aquela(s)→**daquela(s)**
de+isto→**disto** de+iso→**diso** de+aquilo→**daquilo**	

en+este(s)→**neste(s)**	en+esta(s)→**nesta(s)**
en+ese(s)→**nese(s)**	en+esa(s)→**nesa(s)**
en+aquel(es)→**naquel(es)**	en+aquela→**naquela(s)**
en+isto→**nisto** en+iso→**niso** en+aquilo→**naquilo**	

ポルトガル語

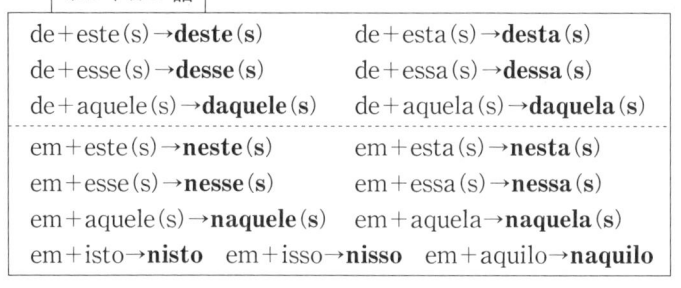

de+este(s)→**deste(s)**	de+esta(s)→**desta(s)**
de+esse(s)→**desse(s)**	de+essa(s)→**dessa(s)**
de+aquele(s)→**daquele(s)**	de+aquela(s)→**daquela(s)**

em+este(s)→**neste(s)**	em+esta(s)→**nesta(s)**
em+esse(s)→**nesse(s)**	em+essa(s)→**nessa(s)**
em+aquele(s)→**naquele(s)**	em+aquela→**naquela(s)**
em+isto→**nisto** em+isso→**nisso** em+aquilo→**naquilo**	

* i) ガリシア語には，disto・diso・daquilo, nisto・niso・naquiloの異形として，それぞれ，desto・deso・daquelo, nesto・neso, naquelo, が使われることもある．

ii) ポルトガル語の場合は，前置詞 a との縮合形 àquele(s), àquela(s), àquilo が見られるが，ガリシア語には存在しない．

2) 不定詞 outro との縮合

ガリシア語の指示詞は，口語では不定形容詞・代名詞 outro と以下のように縮合することがある．

こちらの(もの)	**estoutro**	**estoutros**	**estoutra**	**estoutras**
そちらの(もの)	**esoutro**	**esoutros**	**esoutra**	**esoutras**
あちらの(もの)	**aqueloutro**	**aqueloutros**	**aqueloutra**	**aqueloutras**

＊ⅰ) ポルトガル語にはこの縮合形はない．
　ⅱ) これらは，前置詞 de, en と縮合して，destouro(s)・destoura(s)・desoutro(s)・desoutra(s)・daqueloutro(s)・daqueloutra(s)，nestoutro(s)・nestoutra(s)・nesoutro(s)・nesoutra(s)・naqueloutro(s)・naqueloutra(s)を作る．

　　este libro e estoutro.　この本とこちらの（ほうの）本
　　　(este livro e o outro)
　　naqueloutra rúa.　あの他の街で
　　　(naquela outra rua)
　　Entre este pantalón e estouro non hai diferencia ningunha.
　　　このズボンとこっちのズボンにはなんの違いもない．
　　　(Entre esta calça e esta outra não há nenhuma diferença.) [hai：haber の直・現在3人称単数形]
　　Son moito máis listos estouros rapaces.
　　　こちらの子供達のほうがずっと抜け目がない．
　　　(Estes outros meninos são muito mais sagazes.)

(4) **指示詞の特別用法**
　1) aquel, aquela が，「魅力，優美，気品，個性，欠点，様子，口実，理由，機会，言い抜かし，うぬぼれ，誇示，当惑，懸念，関心，熱心，恥，配慮」，など多くの意味を表す名詞として使われることがある．

　　Ten moito aquel a rapaza.　その女の子はとても魅力がある．
　　　(Esta garota tem muita graça.)
　　　[ten：ter の直・現在3人称単数形]
　　Cada un ten o seu aquel.
　　　各人はそれぞれの個性を持っている．
　　　(Cada um tem sua personalidade.) (seu→20所有詞)
　　Co aquel da festa veñen todos.
　　　パーティーのために皆が来る．
　　　(Com o motivo da festa todos vêm.)
　　　[veñen：vir の直・現在3人称複数形]

Teño moito aquel en mercar unha moto.
　　私はオートバイを買うことに関心がある.
　　(Tenho muito interesse em comprar uma moto.)
　　[teño：ter の直・現在 1 人称単数形]
El non ten aquela ningunha cando fala en público.
　　彼はみんなの前で話すとき，少しも恥ずかしがらない.
　　(Ele não tem nenhuma vergonha quando fala em público.)
Este discurso non ten moita aquela.
　　この演説はあまり人を引き付けるところがない.
　　(Este discuro não é muito atrativo.)

2）daquela が空間的にも時間的にも状況を示す副詞，時には接続詞としても用いられることがある.

Daquela a vida era moi dura.
　　当時，生活はとても厳しかった.
　　(Naquele tempo a vida era muito dura.)
　　[era：ser の直・不完全過去 3 人称単数形]
¿Cantas? Daquela eu tamén canto.
　　君は歌いますか，それでは私も歌います.
　　(Você canta? Pois então, eu também canto.)

3）nisto・nestas・niso・con estas が「今」，「その時」，などの意味になることがある.

Nestas, chegou o crego. 　その時，司祭が到着した.
　　(Nisto o cura chegou.)
　　[chegou：chegar の直・完全過去 3 人称単数形]
Con estas empezou a amencer. 　その時，夜が明け始めた.
　　(Então começou a amanhecer.)
　　[empezou：empezar の直・完全過去 3 人称単数形]

12　疑問文と否定文

(1) 疑問文

ガリシア語の疑問文は，文末に疑問符「？」を付けるだけでなく文の

— 61 —

始めにも「¿」を置く．
1) 疑問詞を伴う疑問文の語順は，通常，「疑問詞＋動詞＋主語」となる．
 ① 直接疑問文
  ¿Quen chega da Suíza?
   誰がスイスから着くのですか？
   (Quem chega da Suíça?)
  ¿Que tipo de deporte practica vostede?
   あなたはどんなスポーツをしますか？
   (Que tipo de esporte o senhor pratica?)
  ¿Para onde vai vostede?
   あなたはどこへ行かれるのですか？
   (Para onde o senhor vai?)
   [vai：ir の直・現在3人称単数形]
  ¿Cantos días ides quedar en España?
   君たちは何日間スペインに滞在しますか？
   (Quantos dias vocês vão ficar na Espanha?)
   [ides：ir の直・現在2人称複数形]
  ¿De que aeroporto vai vostede partir?
   あなたはどの空港から出発しますか？
   (De que aeroporto o senhor vai partir?)
 ② 間接疑問文
  Dime con quen vas ir ó cine.
   君は誰と映画へ行くのか言いなさい．
   (Diz-me com quem você vai ao cinema.)
   [di：dicir の命・単数形，vas：ir の直・現在2人称単数形]
  Preguntei quen foi.
   誰だか私は尋ねた．
   (Perguntei quem foi.) [preguntei：preguntar の直・完全過去1人称単数形，foi：ser の直・完全過去3人称単数形]

Non sei onde el vive.
　　彼がどこに住んでいるか私は知らない．
　　(Não sei onde ele mora.)
　　[sei：saberの直・現在1人称単数形]
　　Pregúntalle que quere.
　　何が欲しいのか彼に質問しなさい．
　　(Pergunta-lhe que quer.)
　　[pregunta：preguntar の命・単数形, lle：間接目的格の代名詞]
2）疑問詞を伴わない疑問文．語順は，通常，「動詞＋主語＋目的語」となる．
　　¿Estades vós todos ben?
　　君たち，皆，元気ですか？
　　(Vocês todos estão bem?)
　　¿Non tes fame?
　　君はお腹がすいてませんか？
　　(Você não está com fome?)
　　[tes：ter の直・現在2人称単数形]
　　¿Empezará a festa ese día?
　　その日に祭りは始まりますか？
　　(A festa começará nesse dia?)
　　[empezará：empezar の直・未来3人称単数形]
　　¿Xa chegaron Carme e Ana?
　　カルメとアナはもう到着しましたか？
　　(Já chegaram Carme e Ana?)
　　[chegaron：chegar の直・完全過去3人称複数形]
＊ⅰ）文末に，「そうではないですか？」・「そうでしょう？」の意味の語（句）を付加して，肯定の答えを期待する疑問文がある．それらの語（句）には，¿non? [não?], ¿non é (verdade・certo)? [não é (verdade・certo)?], ¿non é así? [não é assim?], ¿non si?, などがある．
　　Xa estamos en Setúbal, ¿non é?

私たちはもうセトゥーバルに来ているんですね？
　　（Já estamos em Setúbal, nã é?）
　Os camiños de ferro galegos están moi mal planeados, ¿non si?
　　　ガリシアの鉄道は非常に計画が悪いですね？
　　（As estradas de ferro galegas estão muito mal planejadas, não é?）
　ⅱ）イントーネーションは，大体次のようになる．
　　a）平叙文は，「上昇→平板→下降」の型

　　　　／　　→　　→　　＼

　　　Eu son Xoán Pedro.　私はショアン・ペドロです．
　　　（Eu sou Xoán Pedro.）
　　b）疑問文は，「上昇→平板（あるいは多少の下降傾向）→下降」の型

　　　／　→　→　→　→　→　→　＼

　　　¿Está o señor Xoaquín Treviño?
　　　　ショアキン・トレビニョさんはおられますか？
　　　（O senhor Xoaquín Treviño está?）
　　c）感嘆文と命令文は，「上昇→徐々に下降」の型

　　　／　→　→　＼

　　　¡Hola Xoán!　やあショアン！
　　　（Olá Xoán!）

　　　／　→　→　→　→　→　→　＼

　　　¡Vai agora mesmo para a casa!　いますぐ家に帰りなさい！
　　　（Vai agora mesmo para casa!）［vai：irの命・単数形］

(2) 否定文

　ガリシア語の否定文は，原則として動詞の前に否定の副詞 non・tampouco・nunca・nin sequera・non xa・xamais などを置くか，否定の不定語（代名詞・形容詞）ninguén・nada・ningún などを用いるかである（→24不定語）．

　Os meus irmáns non están na casa.
　　　私の兄弟たちは家にいません．
　　（Os meus irmãos não estão em casa.）
　Non lle dou nada.

私は彼［彼女］に何もあげません．
　(Não lhe dou nada.)［dou：darの直・現在1人称単数形］
El non quixo ir, e eu tampouco.
　彼は行きたがらなかったし，私もまたそうだった．
　(Ele não quis ir, e eu tampouco.)
　［quixo：quererの直・完全過去3人称単数形］
A mim ninguén me dixo a verdade.
　私には誰も本当のことを言わなかった．
　(A mim ninguém me disse a verdade.)
　［dixo：dicirの直・完全過去3人称単数形］
Nada teño［=Non teño nada］.
　私は何も持っていません．
　(Nada tenho.)
Ningunha razón lle vale.
　どんな理屈も彼には通じない．
　(Nenhuma razão lhe vale.)

(3) **疑問文に対する答え方**
　1）肯定の答えは，一般に，質問に用いられた動詞を繰り返す形を取る．abofé, de certo, de verdade, などの語句も用いられる．
　　¿Fuches a cas Pedro?－Fun (, si).
　　　君はペドロの家に行きましたか？　行きました．
　　　{Você foi à casa de Pedro?－Fui (, sim).}
　　　［fuches・fun：それぞれ，irの直・完全過去2人称・1人称単数形］
　　¿Abóndache con cincocentas pestas?－(Si,) Abonda.
　　　500ペセタで君には十分ですか？
　　　{Basta-lhe quinhetas pesetas?－(Sim,) Basta.}
　　Non asisto a moitos concertos, pero a este si penso ir.
　　　私はあまり多くのコンサートに出席しないが，このコンサートに行くつもりだ．
　　　(Não assisto a muitos concertos, mas a este penso em

　　　　ir.)
＊ⅰ) 時として，動詞を繰り返すだけでなく，強めとして，siも同時に現れるが,その際の応答としては,siだけでなく,eu si(私はそうです)；pois si（もちろんです）；si ho（そうです）；claro que si（明らかにそうです）；abofé que si（絶対にそうです）；de seguro que si（確かにそうです）；de verdade que si(本当にそうです)；de certo que si（確かにそうです），なども用いられる．
　ⅱ) 状況によっては，丁寧に呼びかけの語として，señor［señora］を伴ってsiが使われることがある．
　　　¿Queres me levar à aldea?−Quero, si, señor.
　　　　君は私を村へ連れて行きたいのですか？　ええ，そうです．
　　　(Quer-me levar à aldeia?−Quero, sim, senhor.)
　ⅲ) 肯定の答えとして動詞ではなく，xa, aínda, sempre, moito, pouco, seguro, ben seguro, claro, などの副詞や形容詞が用いられることもあるし，así é；así mesmo；así mesmo é；iso(é), などの表現もある．
　　　¿Xa fuches a Vigo?−Xa.
　　　　もう君はビーゴへ行ったことがありますか？　あります．
　　　(Você já foi a Vigo?−Já.)
　ⅳ) 再帰代名詞［目的格代名詞］を伴う動詞の疑問文に対する肯定の答えの場合には代名詞は省略される．
　　　¿Lavou-se a nena as mans?−Lavou.
　　　　その少女は手を洗いましたか？　洗いました．
　　　(A menina lavou-lhe as mãos?−Lavou.)
　ⅴ) 動詞迂言句の場合は助動詞のみで答えることが多い．
　　　¿Estás a traballar?−Estou.
　　　　君は働いている最中ですか？　そうです．
　　　(Você está trabalhando?−Estou.)
2) 否定の答えには，non を用いるのが一般的であるが，diso nada や間投詞ica!で幾分強い否定の意味を表すこともある．
　　¿Queres ir connosco?−Non.
　　　お前は私たちと一緒に行きたい？　いいえ．
　　(Você quer ir conosco?−Não.)

¿Que che dixo? − Que non.

　彼は君に何を言ったのですか？　何も言いませんでした．

　(Que te disse? − Não disse nada.)

¿Fuches á feira? − Non fun.

　君は市（いち）へ行きましたか？　行きませんでした．

　(Você foi à feira? − Não fui.)

¿E vostede aceptou iso? − ¡Ca!

　それで，あなたはそのことを受け入れましたか？　とんでもない！

　(E o senhor aceitou isso − De jeito nenhum!)

¿Vai costar moito o tratamento? − Diso nada.

　治療はとても高いですか？　決してそんなことはありません．

　(O tratamento vai ficar muito caro? − Nada disso.)

13　直接目的格の人称代名詞

	ガリシア語 単数	ガリシア語 複数	ポルトガル語 単数	ポルトガル語 複数
1人称	**me** 私を	**nos** 私たちを	**me** 私を	**nos** 私たちを
2人称	**te** 君を	**vos** 君たちを	**te** お前を	**vos** お前たちを
3人称	**o** 彼を それを あなたを	**os** 彼らを それらを あなたたちを	**o** 彼を それを 君を あなたを	**os** 彼らを それらを 君たちを あなたたちを
	a 彼女を それを あなたを	**as** 彼女らを それらを あなたたちを	**a** 彼女を それを 君を あなたを	**as** 彼女らを それらを 君たちを あなたたちを

☆　主節においては，原則として動詞の直後に接合させる．その際，動詞のアクセントの位置を示す必要のあるときは［ ´ ］をつける．しかしポルトガル語におけるように，ハイフンをつけて後置されることも

ある．（→16弱勢代名詞の位置）

[collo+o→] Cólloo. 私はそれをつかむ．
　(Pego-o.)

[como+a→] Cómoa. 私はそれを食べる．
　(Como-a.)

Eténdovos ben. 私は君たちの言うことが良く分かる．
　(Entendo-os bem.)

Escríbao con corrección. それを正しく書きなさい．
　(Escreva-o com correção.)
　[escriba：escribirの接・現在3人称単数形]

　＊ⅰ）注意すべき点は，ブラジルのポルトガル語ではあまり使われない「te」・「vos」がガリシア語では，通常意味上の2人称に対して使われ，丁寧な表現の場合，つまり「vostede」・「vostedes」に対する直接目的格の代名詞としては「o」・「os」・「a」・「as」が用いられることである．しかし，ブラジルではそれらは「o(s) senhor(es)」・「a(s) senhora(s)」に対してだけでなく，「você(s)」の目的格の代名詞としても使われるだけでなく，意味上の2人称を示す主格の代名詞が直接目的格の代名詞の代わりに，特に口語においては頻繁に使われることも特徴である．

　　　Vinte no cine. 私は君を映画館で見た．
　　　　（Vi-o no cinema.）［vin：verの直・完全過去1人称単数形］
　　　Vino no cine. 私は彼を映画館で見た．
　　　　（Vi-o no cinema.）
　　　Quérote moito. 私はお前をとても欲している．
　　　　（Quero-te muito.）
　　　Quéroo moito. 私は彼をとても欲している．
　　　　（Quero-o muito.）

　ⅱ）直接目的格の3人称についての注意
　　a）3人称の「o」,「os」,「a」,「as」は現在分詞を除く動詞（の活用）語尾の"-r"・"-s"または副詞「u」に続く場合と間接目的格代名詞nos, vos, llesに続くときには, lo, los, la, lasの形をとる．定冠詞とも縮合形が現れるので，両者を混同しないように注意すること（→4冠詞）．

— 68 —

ちなみにポルトガル語においても，大体，同様のことが起こる(→17弱勢代名詞の縮合形と併置).

dar+o→dalo　　　　　　　　tecer+a→tecela
(dar+o→dá-lo)　　　　　　　(tecer+a→tecê-la)
dividir+os→dividilos
(dividir+os→dividi-los)
bicamos+as→bicámolas　　　fixemos+os→fixémolos
(beijamos+as→beijamo-las)　(fizemos+os→fizemo-los)
¿Quen volo dixo?
　誰がお前たちにそれを言ったのか？
　(Quem vo-lo disse?)
　[dixo：dicirの直・完全過去3人称単数形]
Alí vai un neno. ¿Ulo?
　あそこを子供がひとり行くよ．どこに？
　(Ali vai um menino. Cadê ele?)
　[vai：irの直・現在3人称単数形]
Cf. ¿U-lo neno?
　(Cadê o menino?)

 b) アクセントのある二重母音に終わる動詞の活用語尾に続く場合にはno，nos，na，nasとなる．動詞の活用語尾が"-n"に終わるときはそのまま後置されるため，状況によっては，osとnos（私たちを・に）がともにnosになるから，注意を要する．ポルトガル語では鼻母音で終わる動詞の活用語尾に続いて，o, os, a, asが現れるときのみ，no, nos, na, nasとなる．

deixou+a→deixouna　　　　fai+o→faino
(deixou+a→deixou-a)　　　　(faz+o→fá-lo)
fan+os・nos→fanos・fannos　farei+o→fareino
(fazem+os・nos→fazem-nos)　(farei+o→fá-lo-ei)
viu+os・nos・→viunos　　　levou+os・nos→levounos
(viu+os・nos→viu-os・nos)　(levou+os・nos→levou-os・nos)
estou facendo+o→estouno facendo
(estou fazendo+o→estou-o fazendo)

 c) o・os・a・asの内容の強調・明確化の形あるいは冗語として，a el[ela]・a eles[elas]が重複使用されたり，目的語の名詞が前

— 69 —

置されている場合にも，代名詞が現れることがしばしば見られる．

　A elas leváronas pola rúa.
　　彼らは街へ彼女らを連れて行った．
　　(Levaram-nas pela rua.)
　　[levaron：levarの直・完全過去3人称複数形]
　A eles hai moito tempo que non os vexo.
　　私は彼らに長い間会っていない．
　　(Há muito tempo que não os vejo.)
　　[vexo：verの直・現在1人称単数形]
　Eses zapatos quéroos eu.
　　それらの靴が私は欲しいのです．
　　(É esses sapatos que eu quero.)
　Esa mesa fíxoa o carpinteiro.
　　その食卓はその大工さんが作った．
　　(Foi esta mesa que o carpinteiro fez.)
　　[fixo：facerの直・完全過去3人称単数形]

通常，ガリシア語では目的語であることを示す前置詞"a"は，次のような場合に使われる．

イ）直接目的語が「固有名詞（あるいは擬人化された名詞）」と「神を示す語：Deus, Señor, など」であるとき，前置詞"a"を伴う．

ロ）主語と目的語を明確化あるいは強調する際にも，"a"が使われる．

　Os romanos derrotaron ós cartaxineses.
　　ローマ人はカルタゴ人を打ち破った．
　　(Os romanos derrotaram os cartagineses.)

ハ）直接目的語や「todos」との重複使用で，「a＋前置詞格の人称代名詞」の形で"a"が現れることがある．

　Eu coñezoa a ela, pero a el non.
　　私は彼女を知っているが，彼は知らない．
　　(Eu conheço ela, mas não ele.)
　¿Por que non os convidas a todos?
　　なぜ，お前は彼らすべてを招かないのか？
　　(Por que você não convida eles todos?)

— 70 —

ニ） 比較表現に"a"が用いられる．
  Respétoo coma a un pai.
   私は父のように彼を尊敬している．
   （Respeito-o como um pai.）
ホ） 親族関係を示す語の前に置かれる．
  Chamou a papá por teléfono.
   彼はお父さんに電話をかけた．
   （Telefonou para papai.）
  Vin a teu irmán.
   私は君の兄さんに会った．
   （Vi teu irmão.）

14　間接目的格の人称代名詞

	ガリシア語 単数	ガリシア語 複数	ポルトガル語 単数	ポルトガル語 複数
1人称	**me** 私に	**nos** 私たちに	**me** 私に	**nos** 私たちに
2人称	**che** 君に	**vos** 君たちに	**te** お前に	**vos** お前たちに
3人称	**lle** 彼に 彼女に あなたに	**lles** 彼らに 彼女らに あなた方に	**lhe** 彼に 彼女に あなたに	**lhes** 彼らに 彼女らに あなた方に

☆　ガリシア語では，間接目的格の代名詞の2人称単数形は「che」であり，「te」ではない．しかし方言で，「che」と「te」を直接目的格にも間接目的格にも使う地域が存在する．

Dáme un bolígrafo.（彼は）私にボールペンをくれる．
 （Dá-me uma caneta esferográfica.）
 ［dá：darの直・現在3人称単数形］
Deunos a chave.（彼は）私たちに鍵をくれた．
 （Deu-nos a chave.）［deu：darの直・完全過去3人称単数形］
¿Que che pasa?　どうしたの？
 （O que tem você?）

Dareivos unha proia.　君たちにパイをあげます．
　(Eu darei uma torta para vocês.)
　[darei：darの直・未来1人称単数形]
Deille un bico.　彼にキスをした．
　(Dei-lhe um beijo.)　[dei：darの直・完全過去1人称単数形]
Escribinlles moitas cartas.　彼らにたくさんの手紙を書いた．
　(Escrevi-lhes muitas cartas.)
　[escribín：escribirの直・完全過去1人称単数形]
＊ⅰ）vosを単数の人に対して用いると丁寧な意味になる．ポルトガル語においても，そのような使い方が見られるが，非常に限定された相手，たとえば，神様などに対してしか使われない．また「che」の代わりに「lle」を用いる場合も，丁寧の度合いは低くなるが，同じ用法と言える．つまりche→lle→vosの順に丁重さが増す．
　　Conteiche［lle・vos］o conto.
　　　君に［あなたに・あなた様に］その物語りを話した．
　　(Contei-te［lhe］o conto.)
　　　［contei：contarの直・完全過去1人称単数形］
　ⅱ）すでに触れたように，ガリシア語においてはme・che, lle・llesの重複・強調・明確化のため，または冗語として，それぞれ，a min・a ti, a el［a ela］・a eles［a elas］が見られる．また強調するために前置された「a＋名詞」がある場合にも同じことが起こる．ポルトガル語においても代名詞［名詞］を強調するために，その前に前置詞"a"が置かれ，さらに間接目的格の人称代名詞が繰り返し現れることがあるが，まれである．
　　A min non me gusta facer barullo.
　　　私は騒ぐことが好きではありません．
　　(Não gosto de fazer barulho.)
　　A min ensíname todo.
　　　私には（彼は）すべてを教えてくれる．
　　(A mim ensina-me tudo.)
　　A ti non che fago caso.
　　　私はお前なんか相手にしない．
　　(Não te faço caso.)

Téñolles medo ós raposos.
　私はキツネがこわい．
　（Tenho medo das raposas.）
A ese axudante quérolle ben.
　私はその助手を愛している．
　（A esse ajudante quero-lhe bem.）

15　前置詞格の人称代名詞

	ガリシア語		ポルトガル語	
	単数	複数	単数	複数
1人称	**min** 私	**nós**[**nosoutros, -ras**]私たち	**mim** 私	**nós** 私たち
2人称	**ti** 君	**vós**[**vosoutros, -ras**]君たち	**ti** お前	**vós** お前たち
3人称		主格人称代名詞と同形		主格人称代名詞と同形

(1)　ガリシア語においては，代名詞が前置詞の後におかれる場合に独自の形となるのは1人称単数形minだけで，その他は主格と同形となる．しかしminも比較表現で接続詞caの代わりにqueが使われたときには，通常，主格の形をとる．ちなみにポルトガル語では2人称単数形の主格の代名詞はtuである．

　Esa rapaza leva o mesmo nome que eu.
　　その女の子は私と同じ名前を持っている．
　　（Essa menina leva o mesmo nome que eu.）

(2)　前置詞conと人称代名詞の縮合形は以下のようになる．ポルトガルのポルトガル語とはまったく同じ形をとるが，ブラジルではcomと1人称複数形nósの縮合形はconoscoと表記される点が異なる．

ガリシア語
con+min→comigo,　　con+nós→connosco
con+ti　→contigo,　　con+vós→convosco

　＊ⅰ）connosco, convoscoの形式とcon nós, con vósは同じ意味だが，後者は次の場合に使われる，つまり後から修飾する語が来るとき

は，通常，縮合しない．しかし最後の例のように縮合形になることもある．この状況はポルトガル語でも同様である．

con nó-los dous　私たち二人と，　con vós mesmos　君たち自身で
(com nós dois)　　　　　　　　　(com vós mesmos)
con nós mesmos　私たち自身と，comigo mesmo　私自身で
(com nós mesmos)　　　　　　　(comigo mesmo)

ⅱ) min と ti は前置詞（con 以外の）の後だけでなく，比較表現においても使われる（→36形容詞・副詞の比較級）．

A carta é para min.　その手紙は私宛です．
(A carta é para mim.)

Ela vai contra nós.　彼女は私たちに逆らって行きます．
(Ela vai contra nós.)

(3) 前置詞 de と en の後に人称代名詞が置かれると，次のような縮合形を作る．

ガリシア語
de+el(es)→**del(es)**,　　de+ela(s)→**dela(s)**
en+el(es)→**nel(es)**,　　en+ela(s)→**nela(s)**

ポルトガル語
de+ele(s)→**dele(s)**,　　de+ela(s)→**dela(s)** de+o(s) senhor(es)→**do(s) senhor(es)** de+a(s) senhora(s)→**da(s) senhora(s)**
em+ele(s)→**nele(s)**,　　em+ela(s)→**nela(s)** em+o(s) senhor(es)→**no(s) senhor(es)** em+a(s) senhora(s)→**na(s) senhora(s)**

As vacas son dela.　牛は彼女のものです．
(As vacas são dela.)

Vou para a casa deles.　私は彼らの家に行きます．
(Vou para a casa deles.)

Non creo nela.　私は彼女のことを信じていない．
(Não creio nela.)

16 弱勢（直接・間接・再帰）代名詞の位置

(1) 動詞の後に置かれる場合

主節においては，原則として動詞の直後に接合させる．その際，動詞のアクセントの位置を示す必要のあるときは ［´］をつける，あるいは不必要になれば取る．

Cómoo. (←Como+o)
　私はそれを食べる．
　(Como-o.)
Collino. (←Collín+o)
　私はそれをつかんだ．
　(Peguei-o.) ［collín：collerの直・完全過去1人称単数形］
Enténdovos ben.
　私は君たちの言うことが良く分かる．
　(Entendo-os bem.)
Paréceme que poden crear postos de traballo.
　私には彼らは働き口を作り出すことができるように思われる．
　(Parece-me que podem criar postos de trabalho.)

＊ⅰ) ポルトガル語におけるように，ハイフンをつけて後置されることもある．
　ⅱ) ポルトガル語においては，弱勢代名詞の位置は，原則として，動詞の後ろに置かれることになっているが，ブラジルでは口語の場合や副詞・指示代名詞・関係詞・疑問詞などが動詞の前にあるときは，通常，動詞の前に置かれるので，実際上はほとんど前置される．

(2) 動詞の前に置かれる場合

1) 文頭に副詞［acaso(おそらく), ata(でさえ), case(ほとんど), disque(たぶん), eis(ここに…がある), incluso(さえ), mesmo(まさに，さえ), quizais(たぶん), seica(おそらく), somente(…のみ), tamén(もまた), xa(もう，すでに), など］，とくに否定を表す副詞，接続詞，不定形容詞・代名詞があるとき．

Acaso me convide.

おそらく彼［彼女・あなた］は私を招待してくれるでしょう．
(Por acaso me convide.)
［convide：convidarの接・現在3人称単数形］

Incluso lles deron facilidades.
彼らは彼ら［彼女ら・あなた方］にさえ便宜を図った．
(Até lhes deram facilidades.)
［deron：darの直・完全過去3人称複数形］

Non o teño.
私はそれを持っていない．
(Não o tenho.)

¿Non lle dixeches nada?
君は彼［彼女］に何も言わなかったのか？
(Não lhe disseste nada?)
［dixeches：dicirの直・完全過去2人称単数形］

Nada che dou.
私は君には何もあげません．
(Nada te dou.)

Nin eu llo pedín nin ela mo deu.
私がそれを彼女に頼んだ事もなかったし，また彼女がそれを私にくれたこともなかった．
(Nem eu lhe pedi isso nem ela me deu isso.)
［pedín：pedirの直・完全過去1人称単数形，llo（←lle＋o）］

Nunca me dira-la verdade.
お前はけっして本当のことを言わないだろう．
(Nunca me dirás a verdade.)
［dirás：dicirの直・未来2人称単数形］

Ningunha razón lle vale.
どんな理由も彼［彼女・あなた］には通用しない．
(Nenhuma razão lhe vale.)

Calquera o fai.
誰でもそれをする．

(Qualquer o faz.)

Tôlos anos lle levo flores.

毎年，私はあなた［彼・彼女］に花を持って行く．

(Todos os anos lhe levo flores.)

＊ⅰ）次の副詞が文頭にあっても，一般に弱勢の代名詞は動詞の前に置かれることはない：hoxe (明日), onte (昨日), antonte (一昨日), maná (明日), pasado mañá (明後日), agora (今), antes (以前は), despois(あとで), entón(そのとき), daquela(当時), enriba (上に), debaixo(下に), detrás(後ろに), atrás(後ろに), diante (前に), など．

Onte leveille unha carta.

昨日，私は彼［彼女・あなた］に手紙を一通持っていった．

(Ontem levei-lhe uma carta.)

［levei：levarの直・完全過去1人称単数形］

Agora quéroche ben.

今では私は君を愛している．

(Agora quero-te bem.)

ⅱ）次のような不定形容詞・代名詞があっても，強調されないときは弱勢の代名詞は後置されるのが普通である：algún (ある，いずれかの；だれか，どれか), cada(それぞれの), certo(ある), menos(より少ない), demasiado (過度の), moito (多くの；多くの人［もの］), os demais (他の人たち), os máis (大多数), outro (ほかの；ほかの人［もの］), pouco (少しの；わずかな人［物・時間］), tal(そんな；そのようなこと), tanto(それほど多くの；それほど多くの人［もの］), un (ある，ひとつの), varios (種々の), など．

Certos pobos cómena crúa.　それを生で食べる人々もいる．

(Certos povos a comem crua.)

Demasiado azucre faiche mal.　過度の砂糖は君には良くない．

(Demasiado açúcar faz mal para você.)

［fai：facerの直・現在3人称単数形］

2）疑問詞を伴う疑問文・祈願文・感嘆文において．

¿Cando vós ides?　いつ君たちは行くの？

(Quando vocês vão?)

¿Que me quere?　あなたは私に何をお望みですか？
　　(O que me quer?)
¿Quen me chamou?　誰が私を呼んだのですか？
　　(Quem me chamou?)
¿Como o fixeches?　どのように君はそれをしたのか？
　　(Como você o fez?)
　　[fixeches：facerの直・完全過去2人称単数形]
¿Por que me contas iso?
　　何故，君はそのことを私に話すのですか？
　　(Por que você me conta isso?)
Deus o saiba.　神がそれを知っていることを．
　　(Deus o saiba.)
Un raio te parta.　お前の上に雷が落ちるがいい．
　　(Um raio te parta.)
　　[parta：partirの接・現在3人称単数形]
¡Cantas veces te lembrei!
　　何度，君のことを思い出したことか！
　　(Quantas vezes te lembrei!)
　　[lembrei：lembrarの直・完全過去1人称単数形]
¡Case me doe a cabeza!（心配などで）頭が痛くなりそうだ！
　　(Quase me dói a cabeça!)
* 疑問文や感嘆文においても，疑問詞や間投詞で文が始まっていないときは，後置される．
　　¿Enviáronche o paquete por correo?
　　　彼らは君に郵便でその小包を送ったのですか？
　　(Enviaram-te o pacote por correio?)
　　[enviaron：enviarの直・完全過去3人称複数形]
3) 動詞の前に補語や直接目的語があるとき．
　　O meu corazón che mando.　君に私の心を送ります．
　　　(O meu coração te mando.)
　　Isto me dixo.　彼［彼女］はこのことを私に言った．

(Isto me disse.)
4) 文体的な理由で，ある語を強調するとき．
 ¿Quen o fixo? − Eu o fixen.
 誰がそれを作ったのですか？　私がそれを作りました．
 (Quem o fez? Eu o fiz.)［fixo, fixen：facer の，それぞれ，直・完全過去3人称，1人称単数形］
 ＊ⅰ）ブラジルのポルトガル語では主格の（代）名詞が動詞の前にあれば，通常，前置される．
 　El dáme unha mazá.　彼は私にリンゴをくれる．
 　　(Ele me dá uma maçã.)［dá：dar の直・現在3人称単数形］
 ⅱ）弱勢代名詞が動詞の前にあるとき，その間に他の語が入ることがある．
 　Algún día me eu hei de ir.
 　　いつか，私は行かなければならない．
 　　(Algum dia tenho que ir-me.)
 　　［hei：haber の直・現在1人称単数形］
5) 従属節では，原則として動詞の前にくる．
 Quero que nos ensinen a falar correctamente.
 　私は彼らが私たちに正しく話すことを教えてくれるように望んでいる．
 　(Quero que nos ensinem a falar corretamente.)
 　［ensinen：ensinar の接・現在3人称複数形］
 Fiquei onde ela me dixo.
 　私は彼女が私に言ったところにいた．
 　(Fiquei onde ela me disse.)
 　［fiquei：ficar の直・完全過去1人称単数形］
 Non sei como o puido facer.
 　彼［彼女］がそれをどのようにしてすることができたのか，分かりません．
 　(Não sei como pôde fazê-lo.)
 　［puido：poder の直・完全過去3人称単数形］

Voume porque eles se van.
彼らが行くから，私は行きます．
(Vou-me porque eles se vão.)

Levou unha sorpresa cando lle deron o premio.
彼［彼女］は賞を与えられたとき，驚いた．
(Levou uma surpresa quando lhe deram o prêmio.)
[levou, deron：それぞれ，levar, darの直・完全過去 3 人称単数形，複数形]

Chorou cando llo contaron.
彼［彼女］にそれを話したとき，彼［彼女］は泣いた．
(Chorou quando o contaram a ele [ela].)
[chorou, contaron：それぞれ，chorar, contarの直・完全過去 3 人称単数形，複数形]

* ⅰ) 動詞の原形や現在分詞がある場合は，後に置くこともできる．特に不定詞や現在分詞が従属的に使われているときは後に置かれる．

    Convenceuse escoitándonos.
    彼［彼女］は我々の言うことを聞いて納得した．
    (Convenceu-se escutando-nos.)
    [convenceu：convencerの直・完全過去 3 人称単数形]

    É mellor deixalo.
    それを放棄したほうがよい．
    (É melhor deixá-lo.)

    Había un home facéndonos acenos.
    我々に合図をしている男がいた．
    (Havia um homem fazendo-nos acenos.)
    [había：haberの直・不完全過去 3 人称単数形]

ⅱ) 動詞迂言句，あるいは不定詞が他の動詞を伴っているときは，以下のようになる．

  a) 否定語・副詞を伴うときは，普通，「弱勢代名詞＋助動詞＋不定詞・現在分詞」

    Non o hei facer. 私はそれをするべきではない．
      (Não o devo fazer.) [hei：haberの直・現在 1 人称単数形]
    Non o está comendo. 彼［彼女］はそれを食べていない．

(Não está-o comendo.)
　b)　「助動詞＋弱勢代名詞＋不定詞・現在分詞」・「助動詞＋不定詞・現在分詞＋弱勢代名詞」
　　　Heino facer. Hei facelo.
　　　　私はそれをしなければならない．
　　　(Devo fazê-lo.)
　　　Voulle contestar axiña. Vou contestarlle axiña.
　　　　私は彼［彼女］にすぐに返答します．
　　　(Vou-lhe contestar logo. Vou contestar-lhe logo.)
　　　Estáo comendo. Está coméndoo.
　　　　彼［彼女］はそれを食べている．
　　　(Está-o comendo. Está comendo-o.)
　c)　［助動詞＋前置詞・関係詞＋動詞の原形］の場合，否定語・副詞を伴わないときは3通りの位置が可能である．
　　　Non me teño que ir.
　　　　私は行く必要がありません．
　　　(Não me tenho que ir.)
　　　Teño que me ir. Teño que irme. Téñome que ir.
　　　　私は行かなければならない．
　　　(Tenho que ir-me. Tenho-me que ir.)
　　　Déboo de facer. Debo de o facer. Debo de facelo.
　　　　私はそれを作らなければなりません．
　　　(Devo-o fazer. Devo fazê-lo.)
　　　Coménzoo a aprender a facer.
　　　Comenzo a aprendelo a facer.
　　　Comenzo a aprender a facelo.
　　　　私はそれを作ることを習い始める．
　　　(Começo a aprendê-lo a fazer.
　　　　Começo a aprender a fazê-lo.)
iii) 前置詞の後に不定詞や現在分詞が続く場合は，前後どちらにも置かれる．
　　　Non te vaias sin avisarme. Non te vaias sin me avisar.
　　　　私に知らせることなく行ってはいけません．
　　　(Não te vás sem avisar-me. Não te vás sem me avisar.)

[vaias：irの接・現在2人称単数形]

En acabándoa pida mais. En a acabando pida mais.

それを終えたらすぐに，もっと頼みなさい．

(Em a acabando peça mais.)

[pida：pedirの接・現在3人称単数形]

17　弱勢代名詞の縮合と併置

(1)　**縮合形**

ガリシア語

	o	a	os	as
me	**mo**	**ma**	**mos**	**mas**
che	**cho**	**cha**	**chos**	**chas**
lle	**llo**	**lla**	**llos**	**llas**
nos	**nolo**	**nola**	**nolos**	**nolas**
vos	**volo**	**vola**	**volos**	**volas**
lles	**llelo**	**llela**	**llelos**	**llelas**

ポルトガル語

	o	a	os	as
me	**mo**	**ma**	**mos**	**mas**
te	**to**	**ta**	**tos**	**tas**
lhe	**lho**	**lha**	**lhos**	**lhas**
nos	**no-lo**	**no-la**	**no-los**	**no-las**
vos	**vo-lo**	**vo-la**	**vo-los**	**vo-las**
lhes	**lho**	**lha**	**lhos**	**lhas**

(2)　**併置**

1）ポルトガル語と同様，間接目的格代名詞はつねに直接目的格代名詞より前に置かれる．連帯感を示す間接目的格代名詞も，通常，前置される（→18目的格代名詞の特別用法）．この縮合形はブラジルのポルトガル語ではほとんど用いられない．

Non che dixen iso.→Non cho dixen.

私は君にそれを言わなかった．

(Eu não te disse isso.)

Regálanvos un cadro.→Regálanvolo.

彼ら［彼女ら］は君たちに絵をプレゼントする．

(Presenteiam um quadro para vocês.)

¿Por que non me respondes esa pregunta?

→¿Por que non ma respondes?

なぜ君は私にその質問を答えないのか？

(Por que não me respondes essa pergunta?)
* ⅰ) nolo(s), nola(s), volo(s), vola(s), llelo(s), llela(s)はno-lo(s), no-la(s), vo-lo(s), vo-la(s), lle-lo(s), lle-la(s)と表記されることもある．
  ⅱ) 再帰代名詞seは直接目的格代名詞の3人称形と縮合して，so, sos, sa, sasとなる．しかし，これらの形は，一般には避けられる．
　　Esa verba nunca sa dixeran.
　　　彼らはその言葉を言い合ったことはなかった．
　　　(Essa palavra nunca disseram um ao outro.)
　　　[dixeran：dicirの直・過去完了3人称複数形]
  ⅲ) ポルトガル語と同様に，場合によっては，lloとllaが単数の人にも複数の人にも使われることがある．
  ⅳ) -nで終わる動詞活用形に続く縮合形と定冠詞の区別をすること．
　　Regaláronno-los cadernos.
　　　彼らは私たちにノートを贈呈してくれた．
　　　(Presentearam-nos os cadernos.)
　　　[regalaron：regalarの直・完全過去3人称複数形]
　　Regaláronnolos.
　　　彼らは私たちにそれらを贈呈してくれた．
　　　(Eles os presentearam a nós.)
2) llo, lla, llelo, llela, などの意味を状況によって区別すること．
Véndello.　彼［彼女］にそれを売れ．
　(Vende-o a ele [ela].) [vende：venderの命・単数形]
Véndellelo.　彼ら［彼女ら］にそれを売れ．
　(Vende-o a eles [elas].)
Non queremos llela dar.
　私たちは彼ら［彼女ら・あなたがた］にそれをあげたくない．
　(Não queremos dá-la a eles [elas・vocês].)

18　目的格代名詞の特別用法

(1)　連帯感を示す間接目的格代名詞

行為に直接にも間接にも関与しないし，影響を及ぼすこともない聞き

手に対して話し手が間接目的格―普通は，che・vos，丁寧な形はlle・lles が動詞の後に置かれる―を用いることによって心情的な連帯感や親近感を共有していることを示そうとする用法である．その基盤は話し手と聞き手との間の心情的な結び付きを表す，と同時に聞き手に関与を促すものであるから，ある種の呼びかけに近い機能を果たす，と考えられる．したがって，この代名詞は他の言語に的確な訳をすることができないが，強いて言えば，ある程度は呼びかけの形で，その意味を伝えることができよう．

    Non **che** teño vagar.
      （単数の親しい人に対して）私は暇がないんですよ．
      (Não tenho tempo livre, amigo.)
    Non **vos** teño vagar.
      （複数の親しい人に対して）私は暇がないんですよ．
      (Não tenho tempo livre, amigos.)
    Este viño é**lle** de Portugal.
      （単数の人に丁重に）このブドウ酒はポルトガル産です．
      (Este vinho é de Portugal, senhor.)
    Este viño é**lles** de Portugal.
      （複数の人に丁重に）このブドウ酒はポルトガル産です．
      (Este vinho é de Portugal, senhores.)
    Non **che** estiven nunca en Lugo.
      私はルーゴに行ったことはありません．
      (Não estive nunca em Lugo.)
      [estiven：estarの直・完全過去1人称単数形]
    Dóe**che**me ben a cabeza.／Dóe**lle**me ben a cabeza.
      私は頭がとても痛い．
      (Dói-me muito a cabeça.)
    Teño**vos** moito que facer.／Teño**lles** moito que facer.
      私はすることがたくさんあります．
      (Tenho muito que fazer)
  *　すでに見た目的格の代名詞の縮合形の前に，この連帯［関心］の代名

詞が置かれると，次のようになる．

［動詞の前に置かれる場合］

	mo(s), ma(s)	llo(s), lla(s)	nolo(s), nola(s)	llelo(s), llela(s)
che	che mo(s)	che llo(s)	che nolo(s)	che llelo(s)
	che ma(s)	che lla(s)	che nola(s)	che llela(s)
lle	lle mo(s)		lle nolo(s)	
	lle ma(s)		lle nola(s)	

［動詞の後に置かれる場合］

che	chemo(s)	chello(s)	chenolo(s)	chellelo(s)
	chema(s)	chella(s)	chenola(s)	chellela(s)
lle	llemo(s)		llenolo(s)	
	llema(s)		llenola(s)	

Déu**chemo**． 彼は私にそれをくれた．
　　(Deu-o para mim.) ［deu：darの直・完全過去3人称単数形］
Déu**chema**． 彼は私にそれをくれた．
　　(Deu-a para mim.)
Déu**chenolo**． 彼は私たちにそれをくれた．
　　(Deu-o para nós.)
Déu**chenola**． 彼は私たちにそれをくれた．
　　(Deu-a para nós.)

(2) 関心の間接目的格代名詞

　動詞の示す行為に対して利害関係を持つ人を示す代名詞である．複数の間接目的格代名詞が使われることがあるが，その意味合いを正確に訳出することは難しい．

O meu fillo non **nos** come nada.
　　私の息子は（私たちのために）何も食べてくれない．
　　(O meu filho não come nada.)

Deus lle **me** dea saúde.
　　神が彼に（私のために）健康を与えられんことを．
　　(Deus lhe dê saúde.) ［dea：darの接・現在3人称単数形］

Vós non **me** saiades de aquí.
　君たちは（私の意志に反して）ここから出ていかないでください．
　{(Vocês) Não saiam daqui.}
　[saiades：saírの接・現在2人称複数形]
＊連帯と関心を示す代名詞は重複して用いられることがあるが，しかし同じ動詞に対して同じ代名詞を繰り返し用いることはできない．
　　Dóelleme a cabeza.(○)
　　Dóecheche a cabeza.(×)

(3) 所有を表す間接目的格代名詞

間接目的格の代名詞の後に身体の一部や個人の所有物，親族関係を表す語が来るとき，この代名詞が所有形容詞の働きをすることがある．このことはポルトガル語にも見られる．

Morreu**me** o pai.　私の父親が死んだ．
　(Morreu-me o pai.)

A rapaza éra**lle** neta.　その女の子は彼の孫であった．
　(A menina era-lhe a neta.)

Comprei**lle** unhas flores.　私は彼の［彼から］花を買った．
　(Comprei-lhe umas flores.)

Roubáron**me** o passaporte.
　（彼らは）私の［私から］パスポートを盗んだ．
　(Roubaram-me o passaporte.)

＊上記の最後の2例の場合は，利害・与奪動詞とともに使われているので，間接目的格の代名詞は「～から」の意味にもなる．

(4) 不定詞の主語と目的格代名詞

1）知覚動詞(oír, sentir, ver)や使役動詞(deixar, facer, mandar)とともに不定詞が用いられるとき，その不定詞が自動詞（あるいは直接目的語を伴わない他動詞）であるならば，一般に，その主語は直接目的格代名詞となる．

Eu ben **o** vin vir.
　私は彼が来るのをよく見た．
　(Eu o vi vir muitas vezes.)

Estiven oíndo**vos** rir toda a noite.
　　私は君たちが一晩中笑っているのを聞いた．
　　[estiven：estarの直・完全過去1人称単数形]
　　(Estive ouvindo vocês rindo toda a noite.)
＊ただし，直接目的語を伴った他動詞の不定詞は必ず間接目的格の代名詞となる．ポルトガル語では直接目的格・間接目的格いずれの代名詞も用いられる．
　Déixa**lle** canta-lo himno dunha vez.
　　さっさと彼に賛美歌を歌わせてやりなさい．
　　(Deixa-o [Deixa-lhe] cantar o hino de uma vez.)
　　[deixa：deixarの命・単数形]
　cf. Déixa**o** cantar dunha vez.
　　さっさと彼に歌わせてやりなさい．
　　(Deixa-o [Deixa-lhe] cantar de uma vez.)
2 ）不定詞の主語に間接目的格代名詞が使われるのは，不定詞が単人称動詞の意味上の主語になっている場合と使役動詞に近い意味を持つ動詞の目的語に不定詞がなっているとき，とである．
　Foi**lle** ben difícil acepta-la solución.
　　彼がその解決策を受け入れるのはとても難しかった．
　　(Foi-lhe muito difícil aceitar a solução.)
　Cómpre**lle** rematalo axiña.
　　彼がすぐにそれを終えることが必要である．
　　(Cumpre-lhe terminá-lo logo.)
　　[compre：cumprirの直・現在3人称単数形]
　Recoméndo**che** calar.
　　私は君が黙っていることを勧める．
　　(Recomendo-te a calar.)
　Eu aconsélo**che** marchar canto antes.
　　私は君ができるだけ早く出発するように忠告します．
　　(Eu te aconselho a partir quanto antes.)

19 ter・haber・ir・facerの直説法現在

(1) ter・haberの活用

	ガリシア語 ter 単数	ガリシア語 ter 複数	ポルトガル語 ter 単数	ポルトガル語 ter 複数
1人称	teño	temos	tenho	temos
2人称	tes	tedes[1]	tens	tendes
3人称	ten	teñen[2]	tem	têm

	haber 単数	haber 複数	haver 単数	haver 複数
1人称	hei	habemos[4]	hei	havemos
2人称	has	habedes[5]	hás	haveis
3人称	ha[3]	han	há	hão

* ⅰ) [1]tendes, [2]téñの異形も存在する.
  ⅱ) [3]hai（非人称）, [4]hemos, [5]hedesの異形も存在する.
  ⅲ) ガリシア語では, haberは複合形の助動詞として使われることはない.

(2) terの用法

1) 所有を表す. 目的語に具象名詞も抽象名詞もとることができる.

Teño unha filla.
　私には娘が1人います.
　(Tenho uma filha.)

Eu hoxe teño moito labor.
　私は今日たくさんの仕事があります.
　(Eu hoje tenho muito trabalho.)

Estes ollomoles teñen moi boa pinta.
　これらの鯛はとてもおいしそうです.
　(Estes pargos parecem muito gostosos.)

Nós temos moitas ganas de ir ó cine.

私たちはとても映画を見に行きたいと思っています．
　　　(Nós estamos com muita vontade de ir ao cinema.)
　　El tamén ten boa fame.
　　　彼もとてもお腹が空いています．
　　　(Ele também está com muita fome.)
　　Tendes boa sorte.
　　　君たちはとても幸運です．
　　　(Vocês tem boa sorte.)
　＊一時的な状態を示すときには，ブラジルでは，通常，「estar com＋抽象名詞」の表現が好まれる．
２)「ter que[de]＋不定詞」で必要・義務の意味を表す．
　　Tes que estudar máis.
　　　君はもっと勉強する必要がある．
　　　(Você tem que estudar mais.)
　　Teño que escribirlle a meu irmán.
　　　私は兄［弟］に手紙を書かなければならない．
　　　(Tenho que escrever a meu irmão.)
　　Teño de leva-lo neno á escola.
　　　私はその子を学校へ連れて行かなければならない．
　　　(Tenho que levar esse menino à escola.)
　　Temos de resolver iso en primeiro lugar.
　　　私たちは第一にそれを解決すべきである．
　　　(Temos de resolver isso em primeiro lugar.)
　＊ⅰ）ガリシア語では「ter que＋不定詞」よりも「ter de＋不定詞」の表現の方が差し迫ってしなければならない必要・義務を示しているが，ポルトガル語ではその違いは見られれない．
　　ⅱ）「ter＋過去分詞」で動作の完了・反復を示す（→32過去分詞を用いる表現）

(3)　**haberの用法**

１）３人称単数形で非人称で存在を表す．
　　Hai moita xente.　沢山の人がいる．

(Há muita gente.)

2）「hai+(不確定な)時を表す語+que ...」で非人称的に時間の経過を示す(→facerの用法).

　　Hai moito tempo que non o vexo.
　　　私はずいぶん前から彼に会っていない．
　　　(Há muito tempo que não o vejo.)

3）「haber (de)+不定詞」で，次の意味を示す．

① 未来の行為・意志

　　Vouche contar unha cousa que te ha de pasmar.
　　　君をびっくりさせることを私は君に話します．
　　　(Vou-lhe contar a coisa que o vai pasmar.)
　　Heille traer un bo libro.
　　　私はあなたに1冊のよい本を持ってきます．
　　　(Vou-lhe trazer um bom livro.)

② 義務

　　Mañá hei (de) ir á vila.
　　　明日，私は村へ行かなければなりません．
　　　(Amanhã devo ir à vila.)
　　Hei (de) ir un día á vossa casa.
　　　いつか私は君たちの家に行かなければなりません．
　　　(Tenho que ir um dia à sua casa.)

＊この用法は「ter que+不定詞」で表されるのが普通である．

③ 推定

　　Ese rapaz ha andar polos quince anos.
　　　その男の子は15歳くらいのはずです．
　　　(Esse menino deve ter uns quinze anos.)

＊ⅰ）完全過去のhaberの活用形（→30完全過去の不規則動詞）とともにこの表現を使うと，過去の事実に反する事柄や過去において起こる可能性のあったことを表す．

　　Houben de morrer. [＝Estiven a punto de morrer.]
　　　私は死ぬところだった．

— 90 —

(Estive a ponto de morrer.)

　ⅱ) ブラジルのポルトガル語では，対応する形「haver de＋不定詞」は，通常，意志未来を示す．

　　　Hei de casar com ela.
　　　私は彼女と結婚するつもりです．

4)「hai que＋不定詞」という非人称的用法で，義務・必要を表す．

　　Hai que falar iso.
　　それを話すべきである．
　　(Há que falar isso.)

　　Hai que traballar forte pra ter boa colleita.
　　良い収穫を得るには大いに働かなければならない．
　　(Há que trabalhar muito para ter boa colheita.)

　　Hai que mercar un vestido.
　　ドレスを一着買わなければならない．
　　(Há que comprar um vestido.)

(4) ir・facerの活用

ガリシア語			ポルトガル語	
ir			ir	
	単数	複数	単数	複数
1人称	vou[1]	imos[2]	vou	vamos
2人称	vas	ides[3]	vais	ides
3人称	vai	van	vai	vão
facer			fazer	
	単数	複数	単数	複数
1人称	fago[4]	facemos[6]	faço	fazemos
2人称	fas[5]	facedes[7]	fazes	fazeis
3人称	fai	fan[8]	faz	fazem

＊ⅰ) [1]von，[2]vamos，[3]vadesの異形も存在する．

　ⅱ) [4]faigo，[5]faies，[6]faemos，[7]faeis，[8]faien の異形も存在する．

　ⅲ) afacerse, desfacer, refacer, satisfacerなども facerと同様の

活用をする．

(5) irの用法

1)「ir+a [en] ～」で「～へ行く」の意になる．

Xoán vai a Vigo.　ショアンはビーゴへ行く．
(Xoán vai a Vigo.)

O meu fillo vai na farmacia.　私の息子は薬局へ行きます．
(O meu filho vai à farmácia.)

＊ⅰ)「ir+en～」で「～にいる」を示すことがある．

Este fin de semana vou en Ourense.
この週末，私はオレンセにいます．
(Este fim de semana estou em Ourense.)

ⅱ)「ir+a ～」あるいは「ir+現在分詞」の形で，動作の進行を示すことがある（→25現在分詞と進行形）．

Ían a ler [lendo] no coche.
彼らは車の中で読書をしていた．
(Estavam lendo no carro.)　[Ían：irの直・不完全過去3人称複数形]

2)「ir+不定詞」の形は，次のような意味を表す．

① 目的

Vou pecha-la porta do cuarto.
私は寝室のドアを閉めに行きます．
(Vou fechar a porta do quarto.)

② 未来の行為・意志

Vou facelo mañá.
明日，私はそれをするつもりです．
(Vou fazê-lo amanhã.)

Vouvos contar un caso curioso.
君たちに面白い事件を話してあげます．
(Vou-lhes contar um caso curioso.)

Imos perde-la cea.
私たちは夕食を食べそこなうでしょう．
(Vamos perder o jantar.)

3) 3人称単数形で非人称的に天候・寒暖などを示す．

　　Hoxe vai moito frío.

　　　今日はとても寒い．

　　　(Hoje faz muito frio.)

　　Non vou sachar porque vai moita calor.

　　　とても暑いから，除草をしません．

　　　(Não vou capinar porque faz muito calor.)

(6) facerの用法

1)「作る，する，させる」

　　¿Vai facer vostede unha figura de barro coas mans?

　　　あなたは手で粘土の像を作るのですか？

　　　(O senhor vai fazer uma figura de barro com as mãos?)

　　¿Farémolo antes do xoves?

　　　木曜日以前にそれをしましょうか？

　　　(Faremo-lo antes da quinta-feira.)

　　　[farémolo：facerの直・未来1人称複数形＋o]

　　Aquel rapaz vai facer quince anos mañá.

　　　あの少年は，明日，15歳になる．

　　　(Aquele menino vai fazer quinze anos amanhã.)

　　Fai falla [falta] acender un misto na escuridade.

　　　暗闇でマッチをする必要がある．

　　　(É necessário acender um fósforo na escuridão.)

　　Fíxeno chorar.

　　　私は彼を泣かせた．

　　　(Fi-lo chorar.)

　　　[fíxeno：facerの直・完全過去の1人称単数形＋o]

　＊「fai falta [falla]＋不定詞［que＋接続法］」で非人称的に義務・必要を表す．

2)「fai＋（確定的な）時を示す語（句）＋que ...」で非人称的に時間の経過を示す．

Fai dúas horas e media que meu amigo marchou.
私の友人が立ち去ってから2時間半経つ。
[marchou：marcharの直・完全過去3人称単数形]
(Faz duas horas e meia que meu amigo foi-se embora.)
3) 3人称単数形で非人称的に天候・寒暖を表す。
Fai moi bo tempo. とても良い天気です。
(Faz muito bom tempo.)
＊この用法はirでも表せる。

20 所有詞（所有形容詞・代名詞）

(1) 所有形容詞

			ガリシア語				ポルトガル語				
			所有される名詞				所有される名詞				
			男性名詞		女性名詞		男性名詞		女性名詞		
			単数	複数	単数	複数	単数	複数	単数	複数	意味
所有者	単数	1人称	meu	meus	miña*	miñas	meu	meus	minha	minhas	私の
		2人称	teu	teus	túa	túas	teu	teus	tua	tuas	お前の
		3人称	seu	seus	súa	súas	seu	seus	sua	suas	彼(女)の あなたの
	複数	1人称	noso	nosos	nosa	nosas	nosso	nossos	nossa	nossas	私達の
		2人称	voso	vosos	vosa	vosas	vosso	vossos	vossa	vossas	お前達の
		3人称	seu	seus	súa	súas	seu	seus	sua	suas	彼(女)らの あなた方の

＊ miñaの語頭を消失した形のñaが口語には存在している。

ガリシア語では所有詞は，一般に，定冠詞を伴って名詞の前に置かれ，その名詞の性数に一致した形を取る。ブラジルのポルトガル語では伴わないことが多くなっているが，原則的には同じである。

o meu coche (↔o meu carro)「私の車」
a miña casa (↔a minha casa)「我が家」

a túa roupa (↔a tua roupa)「お前の服」

os nosos problemas (↔os nossos problemas)「我々の問題」

* ⅰ) 呼びかけや親族・尊称を示す称号を示す名詞についた所有詞は定冠詞を伴わないのが普通である．

  meus pais{↔(os) meus pais}「私の両親」

  ¡Meu fillo!(↔Meu filho!)「息子よ！」

  Sua Maxestade (↔Sua Majestade)「陛下」

 ⅱ) 疑問詞・不定冠詞・不定形容詞・指示詞などが先行する場合や強調するときには，名詞の後に置かれることがある．また，最後の4例のように，outro・todoや基数・序数とともに用いられるときは，自由に置かれる．

  ¿De que casa súa me falas?

   君は私に彼(女)のどの家について話しているのですか？

  (De que casa sua me falas?)

  Ningunha cousa túa ten valor.

   お前の物はどれも価値がない．

  (Nenhuma coisa tua tem valor.)

  un amigo meu(↔um amigo meu)「私の友人の一人」

  estes fillos seus(↔estes filhos seus)「これらのあなたの息子」

  É cousa miña.

  (それは) 私の物です．

  (É coisa minha.)

  o meu outro veciño―o outro meu veciño―o outro veciño meu (↔o meu outro vizinho―o outro meu vizinho―o outro vizinho meu)

   「私の他の隣人」

  os meus dous curmáns ― os dous meus curmáns ― os dous curmáns meus (↔ os meus dois primos ― os dois primos meus)

   「私の2人の従兄弟」

  todas estas cousas nosas―todas estas nosas cousas(↔todas estas coisas nossas―todas estas nossas coisas)

   「我々のこれらすべての物」

  este primeiro libro meu ― este meu primeiro libro (↔ este primeiro livro meu―este meu primeiro livro)

「この私の最初の本」
iii) 所有詞は主格補語としても使われる．
Esta chaqueta é túa [a túa]．このジャケツトは君のです．
(Esta jaqueta é tua [a tua].)
Isto debe ser meu．これは私のにちがいない．
(Isto deve ser meu.)
iv) 主語の身体の一部や所有物などに言及する場合は，その語に定冠詞を付けるのみか，あるいは間接目的格の代名詞 [→18目的格代名詞の特別用法] を使って所有詞を，通常，省略する．
Antón entrou e sacou o sombreiro.
アントンは入ってきて帽子を取った．
(Antón entrou e tirou o chapéu.)
[entrou, tirou：それぞれ，entrar, sacarの直・完全過去3人称単数形]
Vou para a casa．私は家に戻ります．
(Vou para casa.)
v) 3人称の場合，所有者が単数か複数か，また意味上の2人称か3人称なのかは文脈によって判断しなければならない．意味を明確にするため，3人称に対して，del(es)・dela(s) [↔dele(s)・dela(s)] を用いることがある．また，2人称に対して，de vostede(s)[↔do(s) senhor(es)・da(s) senhora(s)] の形を敬語として用いることもあるが，この場合，所有詞と重複使用も見られる．
o coche del(↔o carro dele)「彼の車」
a man dela(↔a mão dela)「彼女の手」
a (súa) tarxeta de vostede(↔o cartão do senhor)
「あなたの名刺」
vi) 特定の呼称を表す名詞：madre (naiの丁寧な語), padre (paiの丁寧な語), tío, amo, señorなどに付けて尊敬の念を加える所有詞形容詞が存在する．

		所有される名詞	
		単数	複数
所有者	単数	1人称 mi 2人称 tu 3人称 su	mis tus sus
	複数	1人称 noso／nosa 2人称 vos／vosa 3人称 su	nosos／nosas vosos／vosas sus

vii) 1人称の所有形容詞を付けることによって,「親しみ・親愛の情」を表すことができる.

　o meu amigo,　　o meu Manuel

viii) 習慣的な行為を表すときに所有詞を付けることがある.

　Eu despois de comer teño que fuma-lo meu cigarro.
　　私は食事をした後で，いつもの煙草をすわなければならない.

ix) 数詞の前に置かれた所有詞は「およそ」の意味を持つ.

　De aquí á súa casa aínda ten os seus tres quilómetros
　　ここからあなたの家までまだおよそ3キロある.
　（Daqui à sua casa ainda tem os seus três quilômetros.）
　Cibrán tenche os seus cincuenta anos.
　　シブランは50歳ぐらいです.
　（Cibrán tem os seus cinqüenta anos.）

(2) 所有代名詞

ポルトガル語と同様に，所有代名詞として用いられるときは，常に定冠詞を伴い，先に出た名詞の反復使用を避けるために，その名詞の性・数に一致した形をとる．

　Esta é a nosa oficina e aquela é a túa.
　　これは私たちの事務所で，あれは君のです.
　（Este é o nosso escritório e aquele é o teu.）
　Noso tío sempre se leva ben co voso.
　　私たちの叔父はいつも君たちの叔父さんとうまくいっている.

(Nosso tio sempre se dá bem com o seu.)

＊ⅰ）「os＋所有詞の男性複数形」が「家族の者・仲間・味方・同郷人」などの意味を持つことがある．

　　os meus＝a miña familia

ⅱ）「o＋所有詞の男性単数形」がａ）「適性・好み・資質：関心事：仕事・職業」などを表したり，ｂ）特定の動詞：beber, comer, traballar, facer：chover, nevar, correr, などともに用いられる場合に「～の役割，～への割り当て(部分)」や，また，副詞として「相当，たくさん（＝bastante），大量に」を意味したりする．

ⅲ）「o seu」が「物あるいは人の本来あるべき状態や場所」を示すこともある．

(3) 所有詞の特別用法

　名詞の前後に置いて所有を示す用法だけでなく，前置詞のdeの後で冠詞を伴わずに男性単数形で所有者を示す使い方もある．これらの de meu, de teu, de seu, de noso, de voso, de seuの形は所有者を明確化あるいは強調する場合に用いられる．つまり，de meu＝meu propio, de seu＝seu propio, …の意味となる．

André vive en casa de seu.

　　アンドレは自分自身の家に住んでいる．

(André mora na sua própria casa.)

Teño coche de meu. 私は自分自身の車を持っている．

(Tenho o meu próprio carro.)

＊ⅰ）この形は，「生まれつき，本質的に（＝por natureza）」や「ひとりでに，独力で」（＝en por si）の意味も表す．

　　Ela é lista de seu. 彼女は生まれつき賢い．

　　　(Ela é inteligente por natureza.)

　　A casa vella caeu de seu. その古い家はひとりでに倒れた．

　　　(A casa velha caiu por si mesma.)

　　［caeu：caerの直・完全過去3人称単数形］

ⅱ）所有形容詞の3人称形と"cada"が結びついた形：cadanseu(s), cadansúa(s)「めいめいの，それぞれの」も存在している．異形としてcadaseu(s), cadasúa(s)；cadaunseu(s), cadaunsúa(s)も見られる．

Charo e Antón compraron cadanseu coche novo.

チャロとアントンはそれぞれの新車を買った．

(Charo e Antón compraram cada um seu carro novo.)

iii) 場所を示す副詞句において，「de＋人称代名詞」の代わりに所有形容詞を場所の副詞の後ろに置いて，それが女性名詞のように使われることがある．このときは女性形が使われる．

a carón súa｛＝a carón deles［delas］｝
「彼ら［彼女ら］のそばに」
detrás túa｛＝detrás de ti｝「君のうしろに」
diante nosa｛＝diante de nós｝「私たちの前に」
enfrente nosa｛＝en frente de nós｝「私たちの前に」
enriba nosa｛＝enriba de nós｝「私たちの上に」

21　基数

	ガリシア語	ポルトガル語
0	**cero**	**zero**
1	**un／unha**	**um／uma**
2	**dous／dúas**	**dois／duas**
3	**tres**	**três**
4	**catro**	**quatro**
5	**cinco**	**cinco**
6	**seis**	**seis**
7	**sete**	**sete**
8	**oito**	**oito**
9	**nove**	**nove**
10	**dez**	**dez**
11	**once**	**onze**
12	**doce**	**doze**
13	**trece**	**treze**
14	**catorce**	**quatorze**［**catorze**］
15	**quince**	**quinze**
16	**dezaseis**[1]	**dezesseis**［**dezasseis**］

17	dezasete[2]	dezessete [dezassete]
18	dezaoito[3]	dezoito
19	dezanove[4]	dezenove [dezanove]
20	vinte	vinte
21	vinteún／vinteúnha	vinte e um／vinte e uma
22	vintedous／vintedúas	vinte e dois／vinte e duas
30	trinta	trinta
31	trinta e un／trinta e unha	trinta e um／trinta e uma
40	corenta[5]	quarenta
50	cincuenta[6]	cinqüenta [cinquenta]
60	sesenta[7]	sessenta
70	setenta[8]	setenta
80	oitenta	oitenta
90	noventa	noventa
100	cen	cem
101	cento un／cento unha	cento e um／cento e uma
200	douscentos／duascentas[9]	duzentos (-tas)
300	trescentos (-tas) [10]	trezentos (-tas)
400	catrocentos (-tas)	quatrocentos (-tas)
500	cincocentos (-tas) [11]	quinhentos (-tas)
600	seiscentos (-tas)	seiscentos (-tas)
700	setecentos (-tas)	setecentos (-tas)
800	oitocentos (-tas)	oitocentos (-tas)
900	novecentos (-tas)	novecentos (-tas)
1,000	mil[12]	mil
1,100	mil cen	mil e cem
100,000	cen mil	cem mil
1,000,000	un millón	um milhão
2,000,000	dous millóns	dois milhões

＊ⅰ)[1], [2], [3], [4]は, それぞれ, dazaseis, dazasete, dazaoito, dazanove

の形もある．
ii) (5)には，cuarenta, coarenta, (6)はcincoenta, (7)はsasenta, (8)はsatentaの異形も存在する．
iii) (9), (10), (11)にも，それぞれ，duzentos (-tas), trezentos (-tas), quiñentos (-tas) の文語形も存在する．
iv) 1,100から2,000の間の数え方には，〜 centosの形もある．
　　例：doce centos (↔mil e duzentos)「1,200」
v) (12)には複数形のあるmilleiro, と変化しないmillentaの形もあるが，milは複数形を持たない．
　　例：catro milleiros (↔quatro milhares)「4,000」
vi) [　] 内はポルトガルで使われる形．
vii) 両語とも，数字の位どりには，3桁ごとに"."punto (↔ponto)を用い，小数点には","coma (↔vírgula) を使う．
　　例：1.998　　5,6
viii) ガリシア語では十位と一位の間には接続詞"e"を入れるが，百位と十位の間には入れないことに注意すること．位どりの部分には，特別の場合以外は，"e"を入れて読まれることはない点はポルトガル語と同様である．
　　87：oitenta e sete (↔oitenta e sete)
　　184：cento oitenta e catro (↔cento e oitenta e quatro)
　　1984：mil novecentos oitenta e catro (↔mil, novecentos e oitenta e quatro)
　　2.249：dous mil douscentos corenta e nove (↔ dois mil, duzentos e quarenta e nove)
　　1.983.254：un millón novecentos oitenta e tres mil douscentos cincuenta e catro (↔ um milhão, novecentos e oitenta e três mil, duzentos e cinqüenta e quatro)
ix) ポルトガル語と同様に，1と2，200〜900には男・女の区別がある．
　　un home (↔um homem)「一人の男」
　　unha muller (↔uma mulher)「一人の女」
　　dous días (↔dois dias)「2日」
　　dúas semanas (↔duas semanas)「2週間」
　　catrocentas persoas (↔quatrocentas pessoas)「400人」

x) ガリシア語では，21から29は1語で書かれる．
   21：vinteún (↔vinte e um)
   22：vintedous (↔vinte e dois)
   23：vintetrês (↔vinte e três)
   24：vintecatro (↔vinte e quatro), etc.

xi) cento(↔cento), millón(↔milhão), billón(↔bilhão), trillón (↔trilhão)は，それぞれ，複数形 centos(↔centos), millóns(↔milhões), billóns(↔bilhões), trillóns(↔trilhões)を持ち，端数のないときには単位を示す普通名詞として使われる．

   un cento de bananas(↔um cento de bananas)
   「100本のバナナ」
   tres millóns de habitantes(↔três milhões de habitantes)
   「300万人の住民」

22　直説法現在の不規則動詞

活用の分類．( )内は対応するポルトガル語動詞の活用である．また異形の活用は後の動詞活用表を参照のこと．

(1)　1人称単数形が不規則になる動詞

　　caber：caibo, ...
　　　(caber：caibo, ...)
　　caer：caio, caes, cae, caemos, caedes, caen
　　　(cair：caio, cais, cai, caímos, cais, caem)
　　　◇　同変化の動詞：decaer, recaer, traer, etc.
　　ler：leo, ...
　　　(ler：leio, lês, lê, lemos, ledes, lêem)
　　　◇　同変化の動詞：crer, descrer, reler, trasler, etc.
　　moer：moio, ...
　　　(moer：môo, môis, môi, moemos, moeis, moem)
　　　◇　同変化の動詞：choer, corroer, doer, proer, remoer, roer, etc.
　　oír：oio, ...
　　　(ouvir：ouço, ...)

saber : sei, ...
　(saber : sei, ...)
saír : saio, ...
　(sair : saio, sais, sai, saímos, saís, saem)
servir : sirvo, ...
　(servir : sirvo, ...)
　◇ 同変化の動詞：conseguir, consentir, desmentir, ferir, mentir, perseguir, proseguir, resentir, seguir, sentir, etc.
ver : vexo, ...
　(ver : vejo, vês, vê, vemos, vedes, vêem)
　◇ 同変化の動詞：antever, entrever, prever, rever, etc.
valer : vallo, ...
　(valer : valho, ...)

(2) 他の不規則動詞

dar : dou, dás, dá, damos, dades, dan
　(dar : dou, dás, dá, damos, dais, dão)
decir : digo, dis, di, dicimos, dicides, din
　(dizer : digo, dizes, diz, ……)
　◇ 同変化の動詞：bendicir, contradicir, desdicir, maldicir, predicir, etc.
poñer[pór] : poño, pos, pon, poñemos[pomos], poñedes[pondes], poñen[pon]
　(pôr : ponho, pões, põe, pomos, pondes, põem)
　◇ 同変化の動詞：antepoñer[antepor], compoñer[compor], dispoñer[dispor], expoñer[expor], impoñer[impor], opoñer[opor], propoñer[propor], supoñer[supor], etc.
vir : veño, vés, vén, vimos, vindes[vides], veñen
　(vir : venho, vens, vem, vimos, vindes, vêm)
　◇ 同変化の動詞：avir, convir, contravir, devir, desavir, inter-

— 103 —

vir, previr, provir, reconvir, sobrevir, etc.

rir：río, ris, ri, rimos, rides, rin

(rir：rio, ris, ri, rimos, rides, riem)

◇ 同変化の動詞：sorrir

advertir：advirto, advirtes, advirte, advertimos, advertides, advirten

(advertir：advirto, ...)

◇ 同変化の動詞：adherir, agredir, competir, conferir, diferir, divertir, dixerir, inferir, inserir, preferir, referir, suxerir, vestir, **depedir, expedir impedir, medir, pedir**, etc.

* ガリシア語の語幹に"e"を持つ-ir動詞の活用は，その語によってservirのような1人称単数のみ不規則になるものと，advertirのようなパターンの活用をするもの，とが存在している．しかしポルトガル語の場合は，通常，1人称単数形のみが語幹変化e→iを起こすだけであるが，下線を施したdespedir, etc.の1人称単数形は，それぞれ，despeço, expeço, impeço, meço, peçoと異なる形をとる．

fuxir：fuxo, foxes, foxe, fuximos, fuxides, foxen

(fugir：fujo, foges, foge, fugimos, fugis, fogem)

◇ 同変化の動詞：bulir（規則変化），cubrir（↔cobrir：1人称単数形のみ不規則で，cubroとなる），descubrir（↔descobrir：1人称単数形のみ不規則で，descubroとなる），encubrir（↔encobrir：1人称単数形のみ不規則で，encubroとなる），acudir, sacudir, cumprir（規則変化），cuspir, durmir（↔dormir：1人称単数形のみ不規則で，durmoとなる），engulir（↔engolir：同じパターンの不規則動詞），fundir（規則変化），lucir（↔luzir：規則変化），relucir（↔reluzir：規則変化），subir, sufrir（↔sofrer：規則変化），tussir（↔tossir：同じパターンの不規則動詞），etc.

* ガリシア語の語幹に"u"を持つ-ir動詞は大部分は規則変化をする．

(3) ポルトガル語では不規則，ガリシア語では規則変化をする動詞があ

る.
1) poder : podo, podes, pode, podemos, podedes, poden
   (poder : posso, ...)
   querer : quero, queres, quere [quer], queremos, queredes, queren
   (querer : quero, queres, quer, ...)
2) ガリシア語では-ear, -oar, -iar, -uar, -uír, に終わる動詞は規則変化をする.
   nomear : nomeo, nomeas, nomea, nomeamos, nomeades, nomean
   (nomear : nomeio, nomeias, nomeia, nomeamos, nomeais, nomeiam)
   ◇ 同変化の動詞 : basear, cear, clarear, pasear, recear, saborear, etc.
* ポルトガル語では, -ear動詞はすべて上記のパターンの不規則活用をする.
   voar : voo, voas, voa, voamos, voades, voan
   (voar : vôo, voas, voa, voamos, voais, voam)
   ◇ 同変化の動詞 : amontoar, soar, etc.
* ポルトガル語では, -oar動詞はすべて1人称単数形のみ不規則活用となる.
   cambiar : cambio, cambias, cambia, cambiamos, cambiades, cambian
   (cambiar : cambio, cambias, cambia, cambiamos, cambiais, cambiam)
   ◇ 同変化の動詞 : abreviar, aliviar, apropiar, copiar, enunciar, estudiar, fotocopiar, incendiar, irradiar, licenciar, ediar, principiar, privilexiar, propiciar, remediar, renunciar, saciar, sentenciar, viciar, xerocopiar, etc.
   afiar : afío, afías, afía, afiamos, afiades, afían

(afiar：afio, afias, afia, afiamos, afiais, afiam)
◇ 同変化の動詞：adiar, afiar, agoniar, arrepiar, aviar, confiar, enviar, espiar, esquiar, expatriar, extraviar, fantasiar, fiar, guiar, liar, paliar, porfiar, variar, vixiar, etc.

* ガリシア語の-iarに終わる動詞は，その語によって前記のいずれかの活用をする．ブラジルのポルトガル語では，ansiar, arremdiar, arriar, incendiar, mediar, obsequiar, odiar, remediarの各動詞のみが，-eio, -eias, -eia, -iamos, -iais, -iamという不規則な活用をするが，この他の動詞は規則変化をする．

aguar：agúo, agúas, agúa, aguamos, aguades agúan
(aguar：aguo, aguas, agua, aguamos, aguais, aguam)
◇ 同変化の動詞：acentuar, actuar, atenuar, conceptuar, continuar, exceptuar, oblicuar, perpetuar, puntuar, situar, suar, etc.

minguar：minguo, minguas, mingua, minguamos, minguades, minguan
(minguar：minguo, minguas, mingua, minguamos, minguais, minguam)
◇ 同変化の動詞：deslinguar, fraguar, iguar.

* ガリシア語では，-uar動詞の活用はほとんどaguarのパターンになる．

construír：constrúo, constrúes, constrúe, construímos, construídes, construen
(construir：construo, constróis, contrói, construímos, construís, controem)
◇ 同変化の動詞：atribuír, contribuír, destruír, diluír, fluír, incluír, restituír, etc.

* ガリシア語では，-uír動詞は規則変化をするが，ポルトガル語では，destruir, instruir, obstruir, reconstruir, はconstruirと同じ活用をする．その他の-uir動詞は，diminuir：diminuo, diminuis, diminui, diminuímos, diminuís, diminuemのような不規則活用をする．ただし，前者のグループの動詞もdiminuirと同変化になることもある．

23 再帰動詞

(1) 再帰代名詞

1) 直接目的格の再帰代名詞[1]

		ガリシア語	ポルトガル語	意　味
単数	1人称	**me**	**me**	私自身を
	2人称	**te**	**te**	お前自身を
	3人称	**se**[2]	**se**	彼自身を 彼女自身を あなた自身を
複数	1人称	**nos**	**nos**	私達自身を
	2人称	**vos**	**vos**	お前達自身を
	3人称	**se**	**se**	彼ら自身を 彼女ら自身を あなた方自身を

* [1]ガリシア語では間接目的格としては再帰代名詞は使われない．ポルトガル語でもほとんど用いられない．
[2]再帰代名詞"se"は直接目的格代名詞の3人称形と縮合して，so, sos, sa, sas となることがあるが，これらの形は，一般には避けられる．

2) 前置詞格の再帰代名詞

		ガリシア語	ポルトガル語	意　味
単数	1人称	**min**	**mim**	私自身
	2人称	**ti**	**ti**	お前自身
	3人称	**si**	**si**	彼自身 彼女自身 あなた自身

	1人称	**nós** [**nosoutros, -as**]	**nós**	私達自身
複数	2人称	**vós** [**vosoutros, -as**]	**vós**	お前達自身
	3人称	**si**	**si**	彼ら自身 彼女ら自身 あなた方自身

* 前置詞 "con (↔com)" との縮合形
    con+min→comigo (↔comigo)
    con+nós→connosco (↔conosco [connosco])
    con+ti→contigo (↔contigo)
    con+vós→convosco (↔convosco)
    con+si→consigo (↔consigo)
    con+si→consigo (↔consigo)

(2) levantarse「起きる」の活用

ガリシア語

肯　定	否　定
levántome	non me levanto
levántaste	non te levantas
levántase	non se levanta
levantámonos	non nos levantamos
levantádesvos	non vos levantades
levántanse	non se levantan

ポルトガル語

肯　定	否　定
levanto-me	não me levanto
levantas-te	não te levantas
levanta-se	não se levanta
levantamo-nos	não nos levantamos
levantais-vos	não vos levantais
levantam-se	não se levantam

* i) 再帰代名詞の位置は，他の目的格代名詞よりも前に置かれる．ただし，間接目的格の2人称単数形 che は se の前後のいずれにも置かれる．
  ii) 1人称複数形の活用に注意．

(3) **再帰代名詞の用法**
   1) 本来の用法

Chámome Afonso.　私はアフォンソと申します．
　　　　(Chamo-me Afonso.)
　　　Queimeime.　私はやけどしました．
　　　　(Queimei-me.)［queimei：直・完全過去1人称単数形］
　＊　通常，再帰代名詞を伴って使われる動詞（本来の再帰動詞）がある．
　　　arrepentirse de ... (↔arrepender-se de ...)「...を後悔する」
　　　atreverse a ... (↔atrever-se a ...)「敢えて...する」
　　　condoerse con ... (↔condoer-se com ...)「...を気の毒に思う」
　　　dignarse ... (↔dignar-se de ...)「...してくださる」
　　　espreguizarse (↔espreguiçar-se)
　　　　「(あくびをしながら)伸びをする」
　　　queixarse de ... (↔queixar-se de ...)「...について不平を言う」
　　　suicidarse (↔suicidar-se)「自殺する」
2）相互動作を示す．
　　　Fuco e Breixo mancáronse.
　　　　フコとブレイショは傷つけ合った．
　　　　(Fuco e Breixo se feriram.)
　　　［mancaron：mancarの直・完全過去3人称複数形］
　　　Eles fixéronse regalos.　彼らは贈り物をしあった．
　　　　(Eles se presentearam.)
　　　［fixeron：facerの直・完全過去3人称複数形］
　＊　相互動作を明確に示すために，以下のような副詞（句）を付け加えることができる．
　　　mutuamente (↔ mutuamente), recíprocamente (↔ recíprocamente), entre si (↔ entre si), un ó outro (↔ um ao outro), etc.
3）3人称seの用法
　①　受け身を表す．動詞は3人称単数・複数形が使われる．
　　　Vanse facer moitas casas.　沢山の家が造られる．
　　　　(Vão se fazer muitas casas.)
　　　Cortáronse vinte piñeiros.　20本の松ノ木が切られた．
　　　　(Cortaram-se vinte pinheiros.)

[cortaron：cortarの直・完全過去3人称複数形]

* この場合は，主語は，普通，動詞の後に置かれ，無生物で，行為者は文面に現れない．
② 不特定な人を示す．動詞は3人称単数形になる．

Vaise facer unha casa.
　1軒の家を造る．
(vai se fazer uma casa.)

Cortouse vinte piñeiros. [＝Cortaron vinte piñeiros.]
20本の松ノ木を切った．
(Cortou-se vinte pinheiros.)

* 3人称単数形が用いられと，受け身との区別は判然としなくなる．それゆえ，3人称複数形でseを用いない形がよく見られる．

4) 自動詞とともに使われて，強調・自発的動作を示す．
ir (↔ir)「行く」→irse (↔ir-se)「立ち去る，行ってしまう」
marchar (↔partir)「行く」→ marcharse (↔partir-se)
　　　　　　　　　　　　　　　　　　　　「去る，出立する」
rir (↔rir)「笑う」→rirse (↔rir-se)「嘲笑する」

* i) estarse「じっとしている，滞在する」，quedarse「(ある状態に)なる，とどまる，滞在する，(...の)ままである；マヒする，死ぬ」，などのような例もある．

ii) ガリシア語では，通常，つまり厳密な意味ではないが，「ある状態になる」を示す次のような動詞には再帰代名詞をつけない方がよいとされている．それらは，adormecer, afogar, apodrecer, caer, calar, cansar, casar, despertar, estremecer, ficar, marchar, morrer, parar, quedar, rir, sorrir, などである．ポルトガル語では，これらの内，caer (↔ cair), marchar, sorrir 以外は，再帰代名詞を伴っても使われる．

iii) ブラジルのポルトガル語においてもあまり使われない関心［所有・利害］を示す間接目的格の再帰代名詞は，ガリシア語では用いられない．

　El afeita a barba.　彼は髭を剃る．
　(Ele faz a barba.)

Lavo as mans.　私は手を洗う．
[Lavo(-me) as mãos.]

24　不定語

(1) 不定形容詞

不定形容詞は名詞に漠然とした内容を与える形容詞で，通常，名詞の前に置かれる．不定代名詞としても使われるものが多い．

ガリシア語　　　　　ポルトガル語

		意　味
abondo(-os, -a, -as)		十分な
algún(-úns, -una, -unas)[1]	**algum**(-uns, -uma, -umas)	ある，いくつかの
		ある人［物］
ambos(-as)	**ambos**(-as)	双方の
bastante(-s)	**bastante**(-s)	十分な
cada	**cada**	それぞれの，
calquera(calesquera)[2]	**qualquer**(quaisquer)	どんな…でも
		誰［どれ］でも
canto(-os, -a, -as)	**quanto**(-os, -a, -as)	すべての
		すべての人［物］
certo(-os, -a, -as)	**certo**(-os, -a, -as)	ある
demais	**demais**	その他の
		その他の人［物］
demasiado(-os, -a, -as)	**demasiado**(-os, -a, -as)	過度の
diferentes	**diferentes**	種々の
diversos(-as)	**diversos**(-as)	種々の
entrambos(-as)		双方の
máis	**mais**	より多くの
		より多くの人［物］
menos	**menos**	より少ない
		より少ない人［物］

— 111 —

mesmo(-os, -a, -as)	mesmo(-os, -a, as)	同じ
		同じ人[物]
moito(-os, -a, -as)(3)	muito(-os, -a, -as)	多くの
		多くの人[物]
ningún(-úns, -unha, -unhas)(4)	nenhum(-uns, -uma, -umas)	何らの(ない)
		いかなる人[物](ない)
outro(-os, -a, -as)(5)	outro(-os, -a, -as)	他の
pouco(-os, -a, -as)	pouco(-os, -a, -as)	少しの
propio(-os, -a, -as)(6)	próprio(-os, -a, -as)	固有の
senllos(-as)(7)		それぞれの
tal(tales)	tal(tais)	そのような
		その[あの・この]こと
tanto(-os, -a, -as)	tanto(-os, -a, -as)	そのように多くの
		それほど
todo(-os, -a, -as)	todo(-os, -a, -as)	すべての
		すべての人[物]
un(uns, unha, unhas)(8)	um(uns, uma, umas)	ある，いくつかの
		ある人[物]
varios(-as)	vários(-as)	種々の

* ⅰ) (1)前置詞 de, en と次のような縮合形を作る：dalgún, …；nalgún…．ポルトガル語では，通常，この縮合形は見られない．ポルトガル語では，Não sei coisa alguma.「私は何も知りません．」の表現が可能であるが，ガリシア語では，否定語が先行する場合にはalgún を使うことはできないので，Non sei cousa ningunha.としなければならない．

ⅱ) (2)calquer (calesquer), calqueira (calesqueira) の異形もある．

ⅲ) (3)muitoという異形もある．また，強めの副詞として他の語の前に置かれるときは，moi [mui] という語尾脱落形になる．

ⅳ) (4)nengúnという異形もある．

ⅴ) (5)autroという異形もある．また，前置詞 de, en と次のような縮合

形を作る：doutro...：noutro....．この縮合はポルトガル語でも起こる．

vi) [6]proprioという異形もある．

vii) [7]sendos, señosという異形も存在する．

viii) [8]不定代名詞としては，単数形でしか使われない．

ix) 上記のものの内，bastante, demais, demasiado, mais, menos, mesmo, moito, pouco, tal, tantoは副詞としても用いられる．

(2) 不定代名詞

主要な不定代名詞として次のようなものがある．これらは，通常，不変化詞である．

ガリシア語	ポルトガル語	意　味
algo	**algo**	何か
alguén	**alguém**	誰か
cadaquén	**cada um[qual]**	各人
nada[1]	**nada**	何も…ない
ninguén[2]	**ninguém**	誰も…でない
outren[3]	**outrem**	他の人
quenquera	**quem quer**	誰でも
ren, res[4]		何も…ない

＊ i) [1]nadaに数量を示す副詞máisが続くと，時にはdaを脱落して，namáisの形になることがある．しかし，máis nadaのように副詞は不定代名詞の前に置く方がよいとされている．

ii) [2]ninguénには方言としてnádia, naida, naideの形もある．「つまらない人・取るに足らない人」の意味で，これらの形：ninguén, nádia, naida, naideを使うときは，複数形を持つ．

iii) [3]outrenと[4]ren, resはほとんど用いられない古語である．

iv) ポルトガル語と同様，algo「いくぶん」とnada「少しも」は副詞としても使われる．

25　現在分詞と進行形

(1) 現在分詞

	ガリシア語	ポルトガル語
-ar動詞	**-ando**	**-ando**
-er動詞	**-endo**	**-endo**
-ir動詞	**-indo**	**-indo**

　＊　ガリシア語の不規則な現在分詞は，ポルトガル語と同じく，pôr（↔ pôr）とその派生語のpondoだけである．

(2) **動作の進行・継続の表現**

「estar [andar・continuar・ir・levar・seguir・vir, etc.]＋現在分詞」で動作の進行・継続を表す．

　　Están [andan・levan] segando o centeo.
　　　ライ麦を収穫しているところです．
　　（Estão colhendo o centeio.）

　　Está chovendo moito. [＝Está a chover moito.]
　　　雨がひどく降っています．
　　（Está chovendo muito.）

　＊ⅰ）ガリシア語では，動作の進行・継続は「estar [andar・continuar・ir・levar・seguir・vir, etc.＋a＋不定詞」でも同様に表される．ポルトガル語では，ブラジルでは現在分詞を用いる形が好まれ，ポルトガルでは不定詞を使う表現が普通である．

　　ⅱ）両語で，「estar a [para]＋不定詞」が「まさに起ころうとする行為」を示すことがある（→10 ser・estarの直・現在）．

　　　　Están a [para] chegar.
　　　　　彼らは到着するところです．
　　　　（Estão a [para] chegar.）

　　　　Neste momento está a chega-lo tren.
　　　　　今，列車は到着します．
　　　　（Neste momento o trem está chegando.）

　　ⅲ）ガリシア語では，「ir [haber・haber de]＋不定詞」の形は未来の

行為・状態を表すので，混同しないように注意すること．ポルトガル語では，haverの直後に不定詞の来る形は，通常，用いられないし，ブラジルのポルトガル語では，「haver de＋不定詞」は意志未来を示すのが普通である．

    Imos agardar un pouco.
      私たちは少し待ちます．
      (Vamos aguardar um pouco.)

iv) ポルトガル語と同様に，「ir・vir＋不定詞」が「～しに行く・しに来る（目的）」を表すこともある．

v) 弱勢の代名詞（目的格代名詞・再帰代名詞）が現在分詞の後ろに置かれるときには，アクセントの位置を明示す必要がある．

    Estou facéndoo.
      私はそれを作っているところです．
      (Estou-o fazendo.)

vi) ガリシア語では，「en＋現在分詞」の形で，「～するとすぐに」の意味を表す表現がある．

vii) ガリシア語では，現在分詞は複合形を作ることはない．

26 疑問詞

(1) **疑問代名詞**

1) **que,** (↔**que, o que**)「何が」，「何を」，性数変化はなく，物(事)に対して使われる．

    ¿Que é este edificio grande?
      この大きな建物は何ですか？
      (Que é este edifício grande?)

    ¿Que lle pasa a vostede?
      どうなさったのですか？
      (O que aconteceu com o senhor?)

    ¿Que desexa vostede?
      あなたは何をお望みですか？
      (O que o senhor deseja?)

    ¿Para que é esta inxección?

この注射は何のためですか？
　　　(Para que é esta injeção?)
　¿Por que trouxo vostede unha radio usada?
　　　なぜあなたは中古のラジオを持ってきたのですか？
　　　(Por que o senhor trouxe um rádio usado?)
　　　[trouxo：traerの直・完全過去3人称単数形]
　¿De que está feito este?
　　　これは何でできていますか？
　　　(De que é feito este?)
＊ⅰ) ガリシア語にも「o que」の形がある．それは話し相手の言った事が分からなかったり聞き取れなかったりしたときに使われるか，あるいは驚きや疑いを示す際にも使われるが，ポルトガル語では「que(文末や単独ではquê)」と変わりなく使われる．また，ある地域の口語には，「e el que」の形も存在する．
　　　　Abre a fiestra.　　　¿O que?
　　　　　窓を開けなさい．　　何？
　　　　(Abre a janela.　O quê?)
　　　　¿O que?　　　¿De verdade?
　　　　　何だって？　　本当？
　　　　(O quê?　De verdade?)
ⅱ) ガリシア語には定冠詞を伴ったo(s) que, a(s) queという疑問詞も存在する．これらは話し相手の言った名詞の性・数は分かったけれども，その意味が理解できなかったときに使われることになっている．
　　　　Abre a fiestra.　　　¿A que?
　　　　　窓を開けなさい．　　何を？
　　　　(Abre a janela. O quê?)
ⅲ) ガリシア語には"que é o que"という強調形が存在する．ポルトガル語には，本来，強調の表現で疑問詞の後にé queが付けられた形 (que é que, o que é que, など) がある．
　　　　¿Que é o que tes?
　　　　　(君は) どうしたの？
　　　　(Que é que você tem?)

— 116 —

iv) 次のように，疑問詞なのか，接続詞なのか，まぎらわしい場合には，疑問詞の上に（´）を付けた形：quéが用いられる．

   A rapaza non tiña qué comer.
   その女の子は食べるべきものがなかった（疑問詞）．
   ↔A rapaza non tiña que comer.
   その女の子は食べなくてもよかった（接続詞）．
   [tiña：terの直・不完全過去3人称単数形]

2) **quen**(↔**quem**)「誰が」，「誰を」，性数変化はなく，人に対して使われる．

   ¿Quen é o actor principal desta película?
   この映画の主演男優は誰ですか？
   (Quem é o ator principal deste filme?)

   ¿Quen che vendeu ese coche?
   その車を誰が君に売ったのですか？
   (Quem te vendeu esse carro?)

   ¿Con quen soe xogar ó tenis?
   (あなたは)いつも誰とテニスをしていますか？
   (Com quem costuma jogar tênis?)

   ¿A quen non lle gusta a langosta aquí?
   ここでロブスターを好まない人がいますか？
   (Quem não gosta da lagosta aqui?)

* i) ガリシア語では，代名詞は除いて直接目的語に人を取る場合に，前置詞"a"を伴わないのが普通であるが，固有名詞や疑問詞，関係詞などの前には置かれる．ポルトガル語でもガリシア語でも，目的語（人に限らない）の前にaを置くと，それは，通常，明確化あるいは強調のためである．

   ¿A quen vai visitar?
   あなたは誰を訪れますか？
   (A quem vai visitar?)

  ii) ガリシア語でもポルトガル語でも，動詞serの補語として用いられるときは以外は，動詞は3人称単数形になる．

   ¿Quen son estes rapaces?

— 117 —

これらの男の子は誰ですか？

(Quem são estes meninos?)

3) **cal・cales**(↔**qual・quais**)「どれ［誰］が，どれ［誰］を」，数変化のみあり，人・物に対して使われる．本来は選択を表す．

¿Cal é o obxeto da súa viaxe?

あなたの旅行の目的は何ですか？

(Qual é o objetivo da sua viagem?)

¿Cal é o prato máis sabroso de aquí?

ここの最もおいしい料理は何ですか？

(Qual é o prato mais gostoso daqui?)

¿Cal é a cantidade que vostede va depositar?

あなたはどれだけの額を貯金されますか？

(Qual é a quantia que o senhor vai despositar?)

¿Cal deles cho dixo?

彼らのうちの誰が君にそれを言ったのですか？

(Qual deles te disse isso?)

［dixo：dicirの直・完全過去の3人称単数形］

¿Cales son as cidades que quere visitar vostede?

あなたが訪れたい都市はどこですか？

(Quais são as cidades que o senhor quer visitar?)

＊i) 複数形には，cais, caes, casという異形がある．

ii) queに対して，o queが使われるように，calに対してo calの形が使われる．

Vou merca-lo novo libro dele. ¿O cal?

彼の今度出た本を買うつもりです．どの本を？

(Vou comprar o novo livro dele. Qual?)

(2) **疑問形容詞**

1) **que**(↔**que**)「どんな・何の」, **cal・cales**(↔**qual・quais**)「どの」. 形容詞としてはcal・calesよりもqueの方が用いられる．

¿Que［Cal］película che gustou máis?

君はどの映画が最も気に入りましたか？

(De que filme você gostou mais?)
　¿Que número marcou?
　　何番におかけになりましたか？
　　(Que número discou?)
　¿Que tipo de deporte practica vostede?
　　あなたはどんなスポーツをしますか？
　　(Que tipo de esporte o senhor pratica?)
　¿A que hora é a saída do hotel?
　　ホテルのチェック・アウト・タイムは何時ですか？
　　(Qual é o horário de saída do hotel?)
　¿En que piso se serve o almorzo?
　　何階で朝食のサービスを受けられますか？
　　(Em que andar é servido o café da manhã [pequeno almoço]?)
2) **canto・-os・-a・-as**（↔ **quanto・-os・-a・-as**）「どれだけの」, 性数変化がある数量を尋ねる疑問詞.
　¿Canto tempo vai quedar en Portugal?
　　どれくらいあなたはポルトガルに滞在されますか？
　　(Quanto tempo o senhor vai ficar em Portugal?)
　¿Cantos minutos se tarda en chegar ó aeroporto?
　　空港まで何分くらいかかりますか？
　　(Quantos minutos leva chegar ao aeroporto?)
　¿Cantas persoas van viaxar con vostede?
　　あなたと一緒に何人が旅行しますか？
　　(Quantas pessoas vão viajar com o senhor?)
　＊　代名詞として数量を問うこともある.
　　　Se merco tres, ¿por canto sae?
　　　　私が3つ買うと，いくらになりますか？
　　　　(Se eu comprar três, por quanto faz?)
　　　¿A canto está o mango?
　　　　マンゴはいくらですか？

(Quanto está a manga?)

(3)疑問副詞

1) **como**(↔**como**)「いかに」

    ¡Hola!, ¿como lle va?
    やあ，いかがですか？
    (Olá!, como vai indo?)

    ¿Como lle foi a viaxe?
    旅はどうでしたか？
    (Como foi a viagem?)

    ¿Como se pode mandar esta revista?
    この雑誌を送るにはどのようにすればよいのですか？
    (Como é que se faz para mandar esta revista?)

    ¿Como comen os galegos o polbo?
    ガリシア人はタコをどのようにして食べますか？
    (Como é que os galegos comem o polvo?)

2) **onde** (↔**onde**)「どこに」

    ¿Onde está a igrexa?
    その教会はどこにありますか？
    (Onde é a igreja?)

    ¿Pode explicarme onde hai unha boa churrasquería?
    良い焼き肉専門レストランがどこにあるか教えてくれますか？
    (Pode-me explicar onde tem uma boa churrascaria?)

    ¿Onde se escribe a dirección do remitente?
    どこに差出人の住所を書くのですか？
    (Onde é que se escreve o endereço do remetente?)

    ¿De onde veñen estes ovos?
    これらの卵の産地はどこですか？
    (De onde [Donde] vêm estes ovos?)

    ¿A onde [Ónde] va?
    どこまで行かれますか？
    (Aonde vai?)

* 動詞を伴わないとき，定冠詞か，弱勢代名詞を伴って使われる疑問副詞 "u" もある．この場合，定冠詞は第2形式が要求される．
　　¿U-lo neno?　その子はどこにいますか？
　　　(Cadê o menino?)

3) **cando**(↔**quando**)「いつ」
　¿Cando ides viaxar?
　　君たちはいつ旅に出るんですか？
　　(Quando vocês vão viajar?)
　¿Cando quere vostede ir a Madrid?
　　いつあなたはマドリードへ行きたいですか？
　　(Quando o senhor quer ir a Madri?)

4) **canto** (↔**quanto**)「どれくらい」
　¿Canto é o aluguer do coche?
　　その車の借り料はいくらですか？
　　(Quanto é o aluguel do carro?)
　¿Canto custa unha ducia de plátanos?
　　バナナ1ダースはいくらですか？
　　(Quanto custa uma dúzia de bananas?)
　¿Canto vale a entrada do cine?
　　映画の入場券はいくらですか？
　　(Quanto é a entrada do cinema?)

27　序数

ガリシア語	ポルトガル語
1　**primeiro**[1]	primeiro
2　**segundo**	segundo
3　**terceiro**[2]	terceiro
4　**cuarto**[3]	quarto
5　**quinto**	quinto
6　**sexto**	sexto
7　**sétimo**	sétimo

8	oitavo	oitavo
9	noveno[4]	nono
10	décimo	décimo
11	undécimo	undécimo
	[décimo primeiro]	[décimo primeiro]
12	duodécimo	duodécimo
	[décimo segundo]	[décimo segundo]
13	décimo terceiro	décimo terceiro
14	décimo cuarto	décimo quarto
15	décimo quinto	décimo quinto
16	décimo sexto	décimo sexto
17	décimo sétimo	décimo sétimo
18	décimo oitavo	décimo oitavo
19	décimo noveno	décimo nono
20	vixésimo	vigésimo
21	vixésimo primeiro	vigésimo primeiro
30	trixésimo	trigésimo
40	cuadraxésimo	quadragésimo
50	quincuaxésimo	qüinquagésimo
60	sesaxésimo[5]	sexagésimo
70	septuaxésimo	se(p)tuagésimo
80	octoxésimo	octogésimo
90	nonaxésimo	nonagésimo
100	centésimo	centésimo
1,000	milésimo	milésimo
1,000,000,000	millonésimo	milionésimo

* i) 序数は，通常，定冠詞を伴い，名詞の前に置かれ，性数変化する．11からは 2 語 (11と12を除いて) で表記するが，この場合，ガリシア語では性変化をするのは後ろの語だけである．しかしポルトガル語では 2 語とも性変化する点が異なる．

例：a décimo quinta asamblea(↔a décima quinta assembléia)「第15回目の集会」
ⅱ) [1]は方言に, pirmeiro, pormeiro, promeiro の形もある. また, primeiro の代わりに, 文章言葉として, あるいは合成語を作る時に primo が使われることがある.
　　　例：números primos(↔números primos)「素数」, materia prima(↔matéria-prima)「原材料」
ⅲ) [2] ; [3], [4], [5] それぞれ, terzo ; carto, corto ; nono ; sexaxésimo という異形も存在する. ただし, terzo と corto は, terza feira(↔terça-feira)「火曜日」と corta feira(↔quarta-feira)「水曜日」の表現にのみ見られるだけである.
ⅳ) 10以降は口語では基数を名詞の後に置いて用いるほうが普通である.
　　　例：a páxina setenta e cinco [a seputuaxésimo quinta páxina]「775ページ」
　習慣的に, 国王や法王の名前には10まで序数, それ以上は基数を後に置くが, 世紀には10までは序数でも基数のどちらでもよい(この場合, ポルトガル語では序数を置く). 11からは基数が使われる.
　　　例：Fernando Ⅶ(sétimo)「フェルナンド七世」
　　　　　século Ⅲ(tresあるいはterceiro)「3世紀」
　　　　　século Ⅻ(doce)「12世紀」
ⅴ) ブラジルでは, 日付は1日(ついたち)のみ序数を使うが, ポルトガルではすべて基数をdiaの後に置く. ガリシア語では, ブラジルのポルトガル語と同様に, 1日(ついたち)のみは序数(まれに基数)が使われる.
　　　例：o primeiro[un] de marzo(↔ o dia primeiro[um] de março)「3月1日」

28 直説法完全過去

(1) -ar動詞の活用

	ガリシア語 fal-**ar**		ポルトガル語 fal-**ar**	
	単数	複数	単数	複数
1人称	fal-**ei**	fal-**amos**	fal-**ei**	fal-**amos**
2人称	fal-**aches**[1]	fal-**astes**	fal-**aste**	fal-**astes**
3人称	fal-**ou**	fal-**aron**	fal-**ou**	fal-**aram**

* i) 1人称複数形は現在形と同じである．
 ii) [1]はfalacheの活用形も広く使われている．
 iii) 1人称単数形で正書法上の注意を要する動詞がある．
  a) -carで終わる動詞

   ガリシア語   ポルトガル語
   例：tocar→toquei   tocar→toquei

  b) -zarで終わる動詞（ポルトガル語では-çar）

   ガリシア語   ポルトガル語
   例：cazar→cacei   caçar→cacei

  c) -garで終わる動詞

   ガリシア語   ポルトガル語
   例：pagar→paguei   pagar→paguei

(2) -er動詞の活用

	ガリシア語 bat-**er**		ポルトガル語 bat-**er**	
	単数	複数	単数	複数
1人称	bat-**ín**	bat-**emos**	bat-**i**	bat-**emos**
2人称	bat-**iches**[1]	bat-**estes**	bat-**este**	bat-**estes**
3人称	bat-**eu**	bat-**eron**	bat-**eu**	bat-**eram**

— 124 —

* i) 1人称複数形は現在形と同じである．
　ii) ⁽¹⁾はbaticheの活用形も広く使われている．

(3) -ir動詞の活用

	ガリシア語 part-**ir**		ポルトガル語 part-**ir**	
	単数	複数	単数	複数
1人称	part-**ín**	part-**imos**	part-**i**	part-**imos**
2人称	part-**iches**⁽¹⁾	part-**istes**	part-**iste**	part-**istes**
3人称	part-**iu**	part-**iron**	part-**iu**	part-**iram**

* i) 1人称複数形は現在形と同じである．
　ii) ⁽¹⁾はparticheの活用形も広く使われている．

(4) 用法

1) 過去のある時点の動作・状態の完了を表す．ポルトガル語の完全過去に対応する時制である．

　　Os romanos conquistaron Galicia no século primeiro.
　　　ローマ人は1世紀にガリシアを征服した．
　　(Os romanos conquistaram Galiza no século primeiro.)
　　Cheguei fai cinco minutos.　私は5分前に着きました．
　　(Cheguei faz cinco minutos.)
　　Fixen vinteún anos o mes pasado.
　　　先月，私は21歳になりました．
　　(Fiz vinte e um anos no mês passado.)
　　[fixen : facerの直・完全過去1人称単数形]
　　Naceu o dezaoito de xaneiro.　彼は1月18日に生まれた．
　　(Nasceu em dezoito de janeiro.)

*　ポルトガル語と同様に，ある過去の時点よりも前のことであっても，特に強調しないときはこの時制を使うことができる（過去完了の代用）．

　　Non souben se ese rapaz baixou(=baixara) do autobús.
　　　その少年がバスから降りたかどうか，私は知らなかった．

(Eu não soube se esse menino desceu do ônibus.)
[souben：saberの直・完全過去の1人称単数形]

2) 未来のある時点よりも以前に完了する行為を示すことができる（未来完了の代用）．

Cando cheguen as cinco da tarde xa pasou todo.
午後の5時になったら，すでにすべてが終わっているでしょう．
(Quando chegarem as cinco da tarde, tudo já terá passado.)

3) （命令的コンテクストで使われて），比喩的に切迫した行為を表すことがある．

Non me berres máis, xa marchei.
これ以上叫ばないで，私はもう行ってしまったのですから．
(Não me grites mais, já vou-me embora.)
[berres：berrarの接・現在2人称単数形]

＊ ポルトガル語の完全過去には2)，3)のような用法はない．

29 時刻・日付・曜日・季節の表現

(1) **時刻**

¿Que hora é agora? 今は何時ですか？
(Que horas são agora?)

É a unha en punto. ちょうど1時です．
(É uma em ponto.)

É a unha e vinteún. 1時21分です．
(É uma e vinte e um.)

Son as dúas e seis. 2時6分です．
(São duas e seis.)

Son as catro e cuarto [quince]. 4時15分です．
(São quatro e um quarto [quinze].)

Son as sete e media [trinta]. 7時30分です．
(São sete e meia [trinta].)

Son as nove menos once. 9時11分前です．
(São onze para as nove.)

* ⅰ)「何時ですか？」は，¿Que hora é?のように，ガリシア語では，通常，horaを単数形で用いる．ちなみに，ポルトガル語でも，単数形で言うこともある．
 ⅱ)ガリシア語では，時刻を示すときに É a unha. Son as dúas. のように，定冠詞をつける点に注意が必要．
 ⅲ)漠然と「遅い」・「早い」，「1時」，「正午」[o mediodía (↔ o meio-dia)]，「夜の12時」[a medianoite (↔a meia-noite)] などの表現では，両語とも，動詞serは単数形になる．

> Aínda é cedo. まだ早い．
> (Ainda é cedo.)
> Xá é demasiado tarde. もう遅すぎます．
> (Já é tarde demais.)
> É hora de erguerse [ir á cama].
> 起きる［寝る］時間です．
> (É hora de lenvantar-se [ir para cama].)

 ⅳ)「…時15分」，「…時半」は，それぞれ，cuarto(↔um quarto), media (↔meia) が使われる．

¿A que hora é a saída do hotel?
ホテルのチェック・アウト・タイムは何時ですか？
(Qual é o horário de saída do hotel?)

É ás dez e cuarto. 10時15分です．
(É às dez e quinze [um quarto].)

¿A que hora comeza a película?
何時に映画は始まりますか？
(A que horas começa o filme?)

Comeza ás once e media. 11時半に始まります．
(Começa às onze e meia [trinta].)

¿Ata que hora está aberto correos?
何時まで郵便局は開いてますか？
(Até que horas o correo fica aberto?)

* ⅰ)「…時…分前」は「Son [É]＋時間＋menos＋分」で表現する．
 ⅱ)「…時に…するか？」の言い方は「¿A que hora...?」となり，「…時

まで…するか？」は「¿Ata que hora...?」となる．

(2) **日付**

¿Que día do mes é hoxe? 今日は何日ですか？
 (Que dia do mês é hoje?)

¿Que data é hoxe? 今日は何日ですか？
 (Qual é a data de hoje?)

É primeiro de xuño. 6月1日です．
 (É primeiro de junho.)

Hoxe é cinco de decembro. 今日は12月5日です．
 (Hoje é [são] cinco de dezembro.)

¿En que mes estamos? 今は何月ですか？
 (Em que mês estamos?)

Estamos en maio. 今は5月です．
 (Estamos em maio.)

* i) 日付の表現は，すでに見たように，1日（ついたち）のみ，序数（o día）primeiroを用いて，他の日には基数を使う．
 ii) 月の名前は以下のようである．

1月 xaneiro(↔janeiro)	2月 febreiro(↔fevereiro)
3月 marzo(↔março)	4月 abril(↔abril)
5月 maio(↔maio)	6月 xuño(↔junho)
7月 xullo(↔julho)	8月 agosto(↔agosto)
9月 setembro(↔setembro)	10月 outubro(↔outubro)
11月 novembro(↔novembro)	12月 decembro(↔dezembro)

(3) **曜日**

¿Que día da semana é hoxe? 今日は何曜日ですか？
 (Que dia da semana é hoje?)

Hoxe é domingo. 今日は日曜日です．
 (Hoje é domingo.)

É xoves. 木曜日です．
 (É quinta-feira.)

O sábado e o domingo son días de lecer.

土曜日と日曜日は休日です．

(O sábado e o domingo são dias de lazer [folga].)

Vou a Lisboa o próximo martes.

今度の火曜日に私はリスボンへ行きます．

(Vou a Lisboa na próxima terça-feira.)

Vou facer vinte anos luns.

私は月曜日に20歳になります．

[Vou fazer vinte anos (na) segunda-feira.]

* 曜日名は以下のようである．[ ]内のような異形も存在する．
    日曜日　o domingo(↔o domingo)
    月曜日　o luns[a segunda-feira] (↔a segunda-feira)
    火曜日　o martes[a terza-feira] (↔a terça-feira)
    水曜日　o mércores[a corta-feira] (↔a quarta-feira)
    木曜日　o xoves[a quinta-feira] (↔a quinta-feira)
    金曜日　o vernes[a sexta-feira] (↔a sexta-feira)
    土曜日　o sábado(↔o sábado)

(4) **季節**

¿En que estación do ano estamos?

今は何の季節ですか？

(Em que estação do ano estamos?)

Estamos na primavera.　今は春です．

(Estamos na primavera.)

* 季節は以下のようである．
    春 a primavera(↔a primavera)，夏 o verán(↔o verão)
    秋 o outono(↔o outono)，　　　冬 o inverno(↔o inverno)

30　直説法完全過去の不規則動詞

(1) **活用**

* ( )内は対応するポルトガル語動詞の活用である．

caber：couben, coubeches, coubo, coubemos, coubestes, couberon

(caber : coube, coubeste, coube, coubemos, coubestes, couberam)

dar : dei, deches, deu, demos, destes, deron

(dar : dei, deste, deu, demos, destes, deram)

dicir[decir] : dixen, dixeches, dixo, dixemos, dixestes, dixeron

(dizer : disse, disseste, disse, dissemos, dissestes, disseram)

estar : estiven, estiveches, estivo, estivemos, estivestes, estiveron

(estar : estive, estiveste, esteve, estivemos, estivestes, estiveram)

facer[faer] : fixen, fixeches, fixo, fixemos, fixestes, fixeron

(fazer : fiz, fizeste, fez, fizemos, fizestes, fizeram)

haber : houben, houbeches, houbo, houbemos, houbestes, houberon

(haver : houve, houveste, houve, houvemos, houvestes, houveram)

poder : puiden, puideches, puido, puidemos, puidestes, puideron

(poder : pude, pudeste, pôde, pudemos, pudestes, puderam)

poñer [pór] : puxen, puxeches, puxo, puxemos, puxestes, puxeron

(pôr : pus, puseste, pôs, pusemos, pusestes, puseram)

querer : quixen, quixeches, quixo, quixemos, quixestes, quixeron

(querer : quis, quiseste, quis, quisemos, quisestes, quiseram)

saber : souben, soubeches, soubo, soubemos, soubestes, souberon

(saber : soube, soubeste, soube, soubemos, soubestes, souberam)

ser・ir : fun, fuches, foi, fomos, fostes, foron

(ser・ir : fui, foste, foi, fomos, fostes, foram)

ter : tiven, tiveches, tivo, tivemos, tivestes, tiveron

(ter: tive, tiveste, teve, tivemos, tivestes, tiveram)

traer: trouxen, trouxeches, trouxo, trouxemos, trouxestes, trouxeron

 (trazer: trouxe, trouxeste, trouxe, trouxemos, trouxestes, trouxeram)

ver: vin, viches, viu, vimos, vistes, viron

 (ver: vi, viste, viu, vimos, vistes, viram)

vir: vin, viñeches, veu, viñemos, viñestes, viñeron

 (vir: vim, vieste, veio, viemos, viestes, vieram)

(2) 用例

Non sei se couberon vinte no coche de meu pai. [caber]
私の父の車に20人が入れたかどうか分かりません．

(Não sei se couberam vinte no carro de meu pai.)

Xa che dei as mazás que pediches. [dar]
お前が頼んだリンゴをもうあげました．

(Já lhe dei as maçãs que você pediu.)

A min díxome que non. [dicir]
彼は私にそうではないと言いました．

(A mim disse que não.)

Nós estivemos contigo na desembocadura do Miño. [estar]
私たちは君とミーニョ川の河口に行った［いた］．

(Nós estivemos contigo na desembocadura do Minho.)

Esta casa fíxoa o carpinteiro. [facer]
この家を作ったのはその大工です．

(Esta casa foi o carpinteiro que fez.)

 * 上例のように，ガリシア語では直接目的語が動詞よりも前に置かれると弱勢代名詞による重複形式がとられるのが普通である．

Houberon de morrer, mais salváronse. [haber]
彼らは危うく死ぬところだったが，助かった．

(Estiveram a ponto de morrer, mas salvaram-se.)

¿Ti non puideches bota-la cinsa no cinseiro? [poder]

君は灰皿に灰を入れることができなかったのですか？

(Você não pôde pôr a cinza no cinzeiro?)

O rapaz púxose a chaqueta. [poñer]

その若者はジャケツトを着た．

(O rapaz pôs a jaqueta.)

Non quixemos participar nas carreiras. [querer]

私たちは競争に参加したくなかつた．

(Não quisemos participar das corridas.)

Fomos eu e mais meu curmán á casa del. [ir]

私と私の従兄弟も彼の家に行きました．

(Fomos eu e meu primo também à casa dele.)

Miña nai foi boa poetisa. [ser]

私の母は立派な詩人でした．

(Minha mãe foi uma boa poetisa.)

Onte eu tiven un pesadelo. [ter]

昨日，いやな夢を見た．

(Ontem eu tive um pesadelo.)

¿Ti sábe-lo que me trouxeron meus pais de Portugal? [traer]

ポルトガルから私の両親が私に何を持ってきたか，君は分かりますか？

(Você sabe o que meus pais trouxeram de Portugal?)

Nunca vin tal cousa. [ver]

こんな物を今まで見たことがない．

(Nunca vi tal coisa.)

Viñeron a saber por fin quen era aquel home. [vir]

彼らはついにあの男が誰であるか分かった．[era：serの直・不完全過去3人称単数形]

(Vieram a saber por fim quem era aquele homem.)

* i)「vir＋a＋不定詞」は上例のように，「動作の終了」を示すだけでなく，「動作の継続」（＝「vir＋現在分詞」）や次の例のように「物の概算」を表すこともできる：

— 132 —

O coche veu a custar de 10 pesos.
その車は10ペソくらいした．

ⅱ)「vir＋de＋不定詞」で「直前に完了した動作」(＝「acabar＋de＋不定詞」) を示すこともできる．

Aquel home vén de chegar.　あの男は着いたばかりです．

31　過去分詞と受け身形

(1) 過去分詞

1) 規則形

```
-ar動詞→語幹＋ado：and-ar→ andado
-er動詞→語幹＋ido：com-er→ comido
-ir動詞→語幹＋ido：part-ir→ partido
```

2) 不規則形

ガリシア語		ポルトガル語	
動詞	過去分詞	動詞	過去分詞
abrir	**aberto**	abrir	**aberto**
cubrir	**cuberto**	cobrir	**coberto**
dicir	**dito**	dizer	**dito**
escribir	**escrito**	escrever	**escrito**
facer	**feito**	fazer	**feito**
poñer, por	**posto**	pôr	**posto**
ver	**visto**	ver	**visto**
vir	**vido**	vir	**vindo**

＊ⅰ) ガリシア語のabrirには規則形もある．

ⅱ) ガリシア語のvirの過去分詞と現在分詞は異なることに注意．

3) 規則形と不規則形とを持つ動詞

ガリシア語		ポルトガル語	
動詞	過去分詞(不規則形)	動詞	過去分詞(不規則形)
acender	**aceso**	acender	**aceso**
bendicir	**bendito**	bendizer	**bendito**
calmar	**calmo**	calmar	**calmo**
cansar	**canso**	cansar	-
chocar	**choco**	chocar	**choco**
coller	**colleito**	colher	-
comer	**comesto**	comer	-
corrixir	**correcto**	corrigir	**correto**
corromper	**corrupto**	corromper	**corrupto**
cubrir	**cuberto**	cobrir	**coberto**
describir	**descrito**	descrever	**descrito**
descalzar	**descalzo**	descalçar	**descalço**
elixir	**electo**	eleger	**eleito**
enxugar	**enxoito**	enxugar	**enxuto**
espertar	**esperto**	espertar	**esperto**
fartar	**farto**	fartar	**farto**
fixar	**fixo**	fixar	**fixo**
frixir/fritir	**frito**	frigir	**frito**
gastar	**gasto**	gastar	**gasto**
imprimir	**impreso**	imprimir	**impresso**
limpar	**limpo**	limpar	**limpo**
maldicir	**maldito**	maldizer	**maldito**
morrer	**morto**	morrer	**morto**
nacer	**nado**	nascer	**nado**
ocultar	**oculto**	ocultar	**oculto**
omitir	**omiso**	omitir	**omisso**

pagar	**pago**	pagar	**pago**
prender	**preso**	prender	**preso**
quentar	**quente**	aquentar	**quente**
resolver	**resolto**	resolver	**resoluto**
salvar	**salvo**	salvar	**salvo**
secar	**seco**	secar	**seco**
soltar	**solto**	soltar	**solto**
suspender	**suspenso**	suspender	**suspenso**
suxeitar	**suxeito**	sujeitar	**sujeito**
tinxir	**tinto**	tingir	**tinto**
torcer	**torto**	torcer	**torto**
xuntar	**xunto**	juntar	**junto**

* 次に見るように，不規則形は受け身表現を含めて，形容詞として使われ，規則形は，原則として動詞として，つまり完了を示す場合に用いられる．

(2) 受け身形

1）受動態は「ser＋他動詞の過去分詞（主語の性・数に一致）＋por＋行為者」の形で示される．

Esta casa foi feita por meu avó.

　この家は私の祖父によって作られた．

（Esta casa foi feita por meu avô.）

A aldea foi abandonada pola súa poboación.

　その村は住民によって見捨てられた．

（A aldeia foi abandonada pela sua população.）

* 上記の表現は文語的であるため，普通は以下のような能動形が使われる．また行為者が分からないか，述べる必要がないときには，動詞が3人称複数形となる非人称の形か，再帰代名詞"se"を使う形（→23再帰動詞）の方が好まれる．

　Meu avó fixo esta casa.

　　あるいは　Esta casa fíxoa meu avó.

　A poboación abandonou a aldea.

また，Antôn foi ferido. (Antônio foi ferido.)「アントンは傷つけられた。」よりも Feriron a Antôn. (Feriram Antônio.) の形の方が普通であるし，Moito millo foi collido este ano. (Muito milho foi colhido neste ano.)「今年は沢山のトウモロコシが収穫された。」よりも Moito millo se colleu este ano. (Muito milho se colheu neste ano.) あるいは Colleron moito millo este ano. (Colheram muito milho neste ano.) の形の方がよく見られる．

32 過去分詞を用いる表現

(1) 「**estar＋過去分詞**」は状態を示す．過去分詞は主語の性・数に一致する．

O camiño está cuberto de neve. 道は雪で覆われています．
(O caminho está coberto de neve.)

Estaban rodeados de nenos. 彼らは子供達に囲まれていた．
(Estavam rodeados de crianças.)
[estaban：estarの直・不完全過去3人称複数形]

Ese castiñeiro está caído. その栗の木は倒れている．
(Ese castanhiero está caído.)

＊ⅰ)「ir＋過去分詞」の形も同様に用いられ，通常，動作が終わった後の状態を示す．しかし"ir"の本来の意味を保持していることもある．

Paréceme que xa vou curado de todo.
私はもうすっかり回復しているようです．
(Parece-me que já estou curado de todo.)

Non nos frixas máis peixe, que xa imos ben comidos.
もう私たちは十分食べましたから，もう魚を揚げないください．
(Não nos frijas mais peixe, que já comemos bem.)
[frixas：frixirの接・現在2人称単数形]

ⅱ) ガリシア語においても，弱勢の代名詞を過去分詞と接合することはできない．Teñocho dito.は正しいが，Teño dítocho.は誤りである．ちなみに現在分詞とは接合できる．

例：Estouno comendo.＝Estou coméndoo.

(2) 「**ter＋過去分詞**」は動作の反復と完了を強調するときのみ用いられ

る．この過去分詞は性・数変化はしない．特にterが不定詞や直説法未来，直説法過去未来，直説法不完全過去であるときには動作の完了を表す．terが現在形で過去分詞とともに使われると，それは，一応，ポルトガル語の現在完了（動作の反復・継続を表す）に対応していると言える．

Téñoche visto moitas películas de vaqueiros.
　　私はカーボーイの映画を随分見てきている．
　　(Tenho visto muitos filmes de vaqueiros.)
Temos estado moitas veces na súa casa.
　　私たちはあなたの家に何度も来ている．
　　(Temos estado muitas vezes na sua casa.)
Demos gracias al Señor por ter chegado a tempo.
　　私たちは間に合ったことを神に感謝した．
　　(Demos graças ao Senhor por ter chegado a tempo.)
Terei feito iso antes de chegares.
　　君が到着する前に私をそれを作ってしまっているでしょう．
　　(Terei feito isso antes de chegares.) [terei：terの直・未来1人称単数形；chegares：chegarの人称不定法2人称単数形]

＊ⅰ)「ter＋過去分詞」の形で，過去分詞が目的語と性・数一致して，「～した」，「～してある」の意味の表現もある．この場合のterは助動詞ではなく，その本来の意味を保持している．対応するポルトガル語の表現では過去分詞は変化しない．

　　Teño lidas moitas novelas.　私は沢山の小説を読んでいる．
　　　(Tenho lido muitas novelas.)
　　Teño gardada unha caixa de puros para vostede.
　　　私はあなたのために葉巻の箱をしまってあります．
　　　(Tenho guardado uma caixa de charutos para o senhor.)

ⅱ)「haber＋過去分詞」は一般的ではないが，使われる際は非人称的に"hai＋過去分詞"の形となる．過去分詞は目的語の性・数に一致し，haberはその本来の意味を維持している．

　　Naquel trasatlántico había embarcadas unhas cincocentas

persoas.

あの大西洋横断定期船にはおよそ500人が乗っていた．

(Naquele transatlântico embarcavam umas quinhentas pessoas.)

[había：haberの直・不完全過去3人称単数形]

Hai feitos uns estudios moi interesantes sobre ese tema.

そのテーマについてのいくつかのとても興味深い研究がなされている．

(Há uns estudos muito interessantes feitos sobre esse tema.)

(3) 「**levar**[**deixar**]＋過去分詞」で動作の完了を表す．過去分詞は目的語と性・数一致することも，しないこともある．levarを用いるのが普通である．

Levo andado moitos quilómetros.　私は何キロも歩いた．

(Andei muitos quilômetros.)

Lévoche sufrido moito nesta vida.

この生活で私はとても苦労した．

(Sofri muito nesta vida.)

Cando cheguei xa levaban metidos dous goles.

私が着いたとき，もう2ゴールを決めていた．

(Quando cheguei, já tinham marcado dois goles.)

[levaban：levarの直・不完全過去3人称複数形]

¡Que mullereiro es! Moitas moitas mozas deixas enganado.

お前はなんて女たらしなんだ！　多くの娘を騙した．

(Que mulherengo é você! Muitas moças enganou.)

(4) 「**dar**＋過去分詞」は過去から継続的に行ってきた行為の完了・成就，つまり「〜し終えることができた」ことを示す．この表現は否定文で使われることが多く，過去分詞は目的語の性・数に一致する．

Non dou rematado o estudio.　私は研究を終えられなかった．

(Não acabo de terminar o estudo.)

Hoxe non dou chegado a Lugo.

— 138 —

私は，今日，ルーゴに着けなかった．

(Hoje não consegui chegar a Lugo.)

Non daremos feito ese traballo.

私たちはその仕事をできないだろう．

(Não teremos conseguido fazer esse trabalho.)

¡Por fin dei acabada esta tarefa!

ついに私はこの課題を終えることができた！

(Por fim consegui acabar esta tarefa!)

* 「dar por＋過去分詞」は「〜とみなす，思う」の意味である．

   Non dou por rematado o estudio.

   私はその研究が終わったと思っていない．

   (Não dou por terminado o estudo.)

33　関係代名詞

(1) **que**（↔**que**）性・数変化をせず，先行詞には人でも物でも取り，主語でも目的語でも受けることができる．また，前置詞を伴うときは，先行詞の性・数に合わせたo que, os que, a que, as que（あるいは場合によっては，o・os・a・asの代わりに指示詞）の形もある．

As ventás que dan á rúa non pecharon ben.

通りに面している窓はうまく閉まらなかつた．

(As janelas que dão para a rua não fecharam bem.)

O home que chegou onte é moi famoso nesta cidade.

昨日着いたその男の人はこの市ではとても有名です．

(O homem que chegou ontem é muito famoso nesta cidade.)

As mazás que me deches eran moi sabedoras.

君がくれたリンゴはとてもおいしかった．

(As maçãs que você me deu eram muito saborosas.)

[eran：serの直・不完全過去3人称複数形]

As señoras, que xa xantaran, non quixeron tomar nada.

昼食をもう済ませたそのご婦人方はもう何も食べたがらなかった．

(As senhoras, que já almoçaram, não quiseram tomar nada.)

Xoán Montes, o que [aquel que] nacera en Mondariz, contruíu esta igrexa.
モンダリスで生まれた人ショアン・モンテスがこの教会を建てました．
(Xoán Montes, aquele que nascera em Mondariz, construiu esta igreja.)
[nacera：nacerの直・過去完了3人称単数形]

A casa na que [en que] nacín era moi humilde.
私が生まれた家はとても粗末だった．
(A casa em que nasci era muito humilde.)

O home do que [de quen] che falaron onte estaba na festa.
昨日，彼らが君に話したその男はパーティーにいた．
(O homem de quem te falaram ontem estava na festa.)

* i) o que (↔o que) は先行する文全体を受けて，「そのこと」の意味を持つことがある．この場合，"o"の代わりに"cousa"「物」，"feito"「行為」，指示詞"iso"などが使われることもある．

> A ilusión del era viaxar, cousa que a seu pai non lle gustaba moito.
> 彼の夢は旅行することであったが，そのことは彼の父にはあまり気に入らなかつた．
> (A ilusão dele era viajar, do que seu pai não gostava muito.)

ii) o que, iso que (↔o que) は先行詞を含んだ意味で，「～するところのこと」を意味することもある．

> O [Iso] que che dixeron non é certo.
> 彼らが君に言ったことは正しくない．
> (O que te disseram não é certo.)

iii) os que, aqueles que (↔os que, aqueles que) の形で，「～するところの人々」の意味になる．

> Dixéronmo os que chegaron.

　　　　到着した人達は私にそのことを言った．
　　　（Disseram-me isso os que chegaram.）
　ⅳ）queで受けている先行詞を，重複して直接目的格代名詞で表すことがある．また，先行詞があるにもかかわらず，関係節に重複強意の主格3人称代名詞（el, ela, eles, elas）が用いられることもある．
　　　A posición á que [a que] el chegou débella a seu padriño.
　　　彼が到達した地位は彼の代父のお陰である．
　　　（A posição a que ele chegou deve a seu padrinho.）
　　　El traballa cunhas mulleres que elas viven naquel barrio.
　　　彼はあの地区に住んでいる数人の女と働いている．
　　　（Ele trabalha com umas mulheres que moram naquele bairro.）
　ⅴ）前置詞を介さず，queのみで「場所」や「時」を表す先行詞を受けることがある．
　　　o día que [no que] chegaron.　彼らが着いた日
　　　（o dia que [em que] chegaram）
　　　Á noitiña chegaron a un sitio que [no que・onde] había unha taberna.
　　　夕方に彼らは1軒の居酒屋のある場所に到着した．
　　　（À noitinha chegaram a um sítio em que [onde] havia um bar.）
　　　[había：haberの直・不完全過去3人称単数形]

(2) **quen**（↔**quem**）性数変化をせず，先行詞は人のみである．先行詞を内包して，「…する［人々］」の意味に使われる場合が多い．先行詞として不定語alguén（否定文では，ninguén）やaquel [aquela]，o [a] をqueが受ける形で代替できる．
　　María anda buscando quen（＝alguén que）lle preste axuda.
　　マリアは助けてくれる人を探している．
　　（Maria anda buscando quem lhe preste ajuda.）
　　[preste：prestarの接・現在3人称単数形]
　　Xoán non ten quen（＝ninguén que）o coide.
　　ショアンには彼の世話をしてくれる人がいません．
　　（Xoán não tem quem o cuide.）

[coide：coidarの接・現在3人称単数形]

Foi Pedro quen dixo esa burrada.
　そんなばかなこと言ったのはペドロであった．
　(Foi Pedro quem disse essa besteira.)
Foron eles quen o fixeron.　それをしたのは彼らであった．
　(Foi eles quem o fez [fizeram].)
Os rapaces con quen viñeches son moi simpáticos.
　君が一緒に来た若者達はとても感じがいい．
　(Os rapazes com quem você veio são muito simpáticos.)
Quen llo dixo foi o crego.
　彼にそれを話した人はその僧侶であった．
　(Quem lhe disse isso foi o clérigo.)

＊ⅰ）主格の関係代名詞として使われるときは，ポルトガル語と同様，それに続く動詞は，通常，3人称単数形になる．しかし，強調構文"quen...ser"あるいは"ser quen..."の場合は複数形になったり，主動詞の主語に一致することもある．そのうえ，人以外のものにも言及することがある．

　Quen chegou tarde foi o teu fillo.
　　遅刻した人は君の息子であった．
　　(Quem chegou tarde foi o seu filho.)
　Quen chegaron tarde foron os teus fillos.
　　遅刻した人達は君の息子たちであった．
　　(Quem chegou tarde foram os seus filhos.)
　Son eses rapaces quen meten tanto ruído.
　　そのように大騒ぎしているのはそれらの若者である．
　　(São esses rapazes que fazem tanto ruído.)
　O can de Carlos foi quen che comeu os ovos.
　　卵を食べたのはカルロスの犬であった．
　　(O cão de Carlos foi quem comeu os ovos.)
　Quen falou [falei] primeiro fun eu.
　　最初に話したのは私であった．
　　(Quem falou primeiro fui eu.)

ⅱ）quenは次のような成句に用いられる．

    a) (facer) coma quen que 〜：「〜のふりをする；〜のように見せかける」
    b) de[a] quen quen；(de) coma quen：「偽りの；でっち上げられた」
    c) ser quen a[de] 〜：「〜できる」
(3) **o cal, os cales, a cal, as cales**（↔**o qual, os quais, a qual, as quais**）性数変化があり，先行詞として人と物をとることができる．ポルトガル語と同様に文語的であるこの関係代名詞は，先行詞を明確化するためや前置詞・数詞・不定語などの後で，(o) queやquenの代わりに使われる．

　a irmá do pintor da cal [de quen] falabamos
　　私達が噂をしていた・画家の妹（先行詞はirmá）
　　(a irmã do pintor da qual falávamos)
　　[falabamos：falarの直・不完全過去1人称複数形]
　a irmá do pintor do cal falabamos
　　私達が噂をしていた画家の・妹（先行詞はpintor）
　　(a irmã do pintor do qual falávamos)
　a casa na cal se reuniron
　　彼らが集まった家
　　(a casa na qual se reuniram)
O alumno, o pai do cal enfermou, aínda non se recuperou do accidente.
　病気になった父親を持つその生徒はまだその出来事から立ち直っていなかった．
　(O aluno, cujo pai adoeceu, ainda não se recuperou do acidente.)
Este tema foi tratado por varios profesores, algúns dos cales están hoxe presentes.
　このテーマは種々の先生によって取り上げられましたが，それらの方々の何人かが今日出席されています．
　(Este tema foi tratado por vários professores, alguns dos

quais estão presentes hoje.)

Pasou un minuto de silencio, durante o cal todos permaneceron inmóbiles.

少しの沈黙の時が流れた．その間，皆は身じろぎもしなかった．

(Passou um minuto de silêncio, durante o qual todos permaneceram imóveis.)

* ⅰ) cal の複数形として "caes", "cais", "cas" という形も存在するが，それらは古形あるいは地方的な使用に限られている．

ⅱ) 冠詞を伴わないで，"cal...cal..." の形で，「...であれ, ...であれ」の意味を表す．

Cal un peso cal dous pesos, todo o mundo lle foi dando algo.

1 ペソであれ 2 ペソであれ，皆は彼に何がしかを与えていた．

ⅱ) 冠詞を伴わないで，"cal...ser" の形で，強調形 "quen...ser" あるいは "o[os]・a[as]+que...ser" と同じ働きをする表現がある．

Cales casaron en Lugo foron as fillas de Manuel.

ルーゴで結婚したのはマヌエルの娘たちであった．

(4) canto・-os・-a・-as (↔ quanto・-os・-a・-as) 性数変化を持ち，「...するところのすべての人・物」の意味である．todo あるいは tanto と相関して用いられる．

Ese rapaz le todo canto lle cae nas mans.

その若者は手に入るものすべてを読む．

(Esse rapaz lê tudo quanto lhe cai nas mãos.)

Todos cantos falaron con el quedaron convencidos da súa explicación.

彼と話した人々はすべて彼の説明に納得した．

(Todos quantos falaram com ele ficaram convencidos da sua explicação.)

Viñeron tantos [todos] estudiantes cantos foron convidados.

招待された学生は皆来た．

(Vieram tantos estudantes quantos foram convidados.)

* ⅰ) "todo o que 〜" の形を用いるほうが普通である．

ⅱ) "a canto poder 〜"の形で,「できるだけ〜」の意味を表す.

Traballei a canto puiden para face-la casa.

その家を造るために私はできるだけ働いた.

(Trabalhei tanto quanto pude para fazer a casa.)

34 直説法不完全過去

(1) 活用

1) 規則動詞

① -ar動詞

	ガリシア語 and-**ar**		ポルトガル語 and-**ar**	
	単数	複数	単数	複数
1人称	and-**aba**	and-**abamos**	and-**ava**	and-**ávamos**
2人称	and-**abas**	and-**abades**	and-**avas**	and-**áveis**
3人称	and-**aba**	and-**aban**	and-**ava**	and-**avam**

* ガリシア語の1・2人称複数の活用形のアクセントの位置に注意.

② -er・-ir動詞

	ガリシア語 com-**er**		ポルトガル語 com-**er**	
	単数	複数	単数	複数
1人称	com-**ía**	com-**iamos**	com-**ia**	com-**íamos**
2人称	com-**ías**	com-**iades**	com-**ias**	com-**íeis**
3人称	com-**ía**	com-**ían**	com-**ia**	com-**iam**

* -er動詞と-ir動詞の語尾変化は共通である.

2) 不規則動詞

ガリシア語では,ポルトガル語と同様,不規則活用をするのは以下の4動詞のみである.( )内は対応するポルトガル語動詞の活用である.

poñer：poñía, poñías, poñía, poñiamos, poñiades, poñían
(pôr：punha, punhas, punha, púnhamos, púnheis, punham)

ser：era, eras, era, eramos, erades, eran
(ser：era, eras, era, éramos, éreis, eram)

ter：tiña, tiñas, tiña, tiñamos, tiñades, tiñan
(ter：tinha, tinhas, tinha, tínhamos, tínheis, tinham)

vir：viña, viñas, viña, viñamos, viñades, viñan
(vir：vinha, vinhas, vinha, vínhamos, vínheis, vinham)

* ⅰ) irは規則形の他に，iba, ibas, iba, ibamos, ibais, ibanの活用形もある．
ⅱ) poñer は異形の pór：puña, puñas, puña, puñamos, puñades, puñanが使われることもある．
ⅲ) traer：traía, traías, traía, traïamos, traïades, traíanのように1人称・2人称の複数形の活用形は三重母音化を避けるために，"i"に[¨]をつける．caer, doer, saír, oír, construírも同様である．

(2) **用法**

1) 過去の動作・状態を持続的・反復的あるいは習慣的に表す．

Antes a xente non andaba coma agora.
以前は人々は現在のようではなかった．
(Antes a gente não andava como agora.)

O ano pasado levábase a saia mais corta.
昨年はもっと短いスカートを身につけていた．
(No ano passado usava-se saia mais curta.)

Naquela casa había dúas portas.
あの家にはドアが二つ付いていた．
(Naquela casa havia duas portas.)

Cando pasei por alí, oíase un rebumbio terrible.
あそこを通ったとき，ひどい騒音が聞こえていた．
(Quando passei por ali, ouvia-se um barulho terrível.)

O meu pai emigrou. Daquela, aínda era eu un rapaz.
　父は移住した．その当時，私はまだ少年だった．
　(O meu pai emigrou. Então eu ainda era um menino.)
Cando meu pai era novo, aínda non existía esta estrada.
　父が若かったころには，この道路はまだなかった．
　(Quando meu pai era novo, ainda não existia esta estrada.)
Ós domingos iamos á misa.
　日曜日には私達はミサに行ったものでした．
　(Aos domingos íamos à missa.)
Nós iamos dar un paseo tódolos días.
　私達は毎日散歩に行っていた．
　(Nós íamos dar um passeio todos os dias.)

2) 過去から見た未来の行為・状態を示す（直説法過去未来の代用）．
El díxome que marchaba para a América ó ano seguinte.
　彼は，来年，アメリカへ発つと私に言いました．
　(Ele me disse que partia para a América no ano seguinte.)
Souben onte que chegaba mañá.
　明日到着することを昨日知りました．
　(Soube ontem que chegava amanhã.)
Se tivese o libro, prestábacho.
　もしその本を持っていたら，君に貸してあげるのに．
　(Se tivesse o livro, emprestava-o para você.)
　[tivese：ter の接・不完全過去 1 人称単数形]
　＊　比喩的に未来の実現性の少ない事柄を表すことがある．
Tocábame a min unha quiniela e non paraba de viaxar.
　キニエラ（公営の競技賭博）が私に当たっても，旅行するのを止めないだろう．

3) 現在の事柄に対する丁重な表現に用いられる（現在の代用）．
Queríalle pedir un favor.　あなたにお願いがあるのですが．

(Queria-lhe pedir um favor.)

¿Podíame escoitar cinco minutos?

5分間，私の言うことを聞いていただけますか？

(Podia-me escutar cinco minutos?)

35 関係形容詞・関係副詞

(1) 関係形容詞

canto・-os・-a・-as(↔**qunato・-os・-a・-as**) 先行詞より前に置かれ，先行詞の性数に一致する．先行詞を"todo"が強めの語として修飾することもある．その意味は「…するところのすべての～」であるので，口語では，"todo...que～"で表現されのが普通である．

Por alí pasaron cantos estudiantes chegaron a Compostela.

コンポステラに着いた学生はすべてあそこを通った．

(Por ali passaram quantos estudantes chegaram a Compostela.)

Rompeu todas cantas botellas[toda canta botella] atopou.

彼は見つけたビンをすべて割った．

(Rompeu quantas botelhas achou.)

* ポルトガル語のcujo・cujos・cuja・cujasに相当する先行詞の所有を示す関係形容詞cuxo・cuxos・cuxa・cuxasは現代ガリシア語では一般に使われない．

(2) 関係副詞

1) **onde**(↔**onde**) 場所を示す語を先行詞としてとる．en que；no que, nos que, na que, nas que；no cal, nos cales, na cal, nas calesのいずれかを使っても同じである．

a aldea onde[=na que] me criei　私が育った村

(a aldeia onde me criei)

o camiño por onde[=polo que] pasaron　彼らが通った道

(o caminho por onde passaram)

o país de onde[=do que] veñen　彼らの出身国

(o país de onde vêm)

a cidade a onde[=á que] se dirixían
　　　彼らが向かっていた都市
　　　(a cidade aonde se dirigiam)
　　A cidade onde[=na que] ela vive é monstruosa.
　　　彼女が住んでいる市は巨大である．
　　　(A cidade onde ela mora é monstruosa.)
＊ "quen"を用いた場合（→33関係代名詞）と同様に，"onde...ser"あるいは "ser onde..." という「場所」を強調する表現がある．
　　Onde lle bateu a pedra foi no curuto da cabeza.
　　　石が当たったのは頭のてっぺんであった．
　　　(Onde lhe bateu a pedra foi no coruto da cabeça.)
　　Naquel bar foi onde coñecín a Luísa.
　　　あの酒場で私はルイサを知った．
　　　(Naquele bar foi onde conheci Luísa.)

2) **cando**(↔**quando**) 時を示す語を先行詞としてとる．限定的な関係節には，que；en que；no que, nos que, na que, nas que；no cal, nos cales, na cal, nas calesのいずれかを用いる方が普通である．

　　o día cando[=que, en que, no que] chegaron os soldados
　　　兵士たちが到着した日
　　　(o dia quando[que, em que] chegaram os soldados)
　　aqueles anos cando[=en que, nos que] iamos á escola
　　　私達が学校へ行っていたあの頃
　　　(aqueles anos quando[em que] íamos à escola)
　　Iso ocorreu a noite cando[=na que] chegamos a Santiago.
　　　私達がサンティアゴに着いた夜にそのことは起こった．
　　　(Isso ocorreu na noite cando[em que] chegamos a Santiago.)
＊ "cando...ser" あるいは "ser cando..." という「時」を強調する表現がある．
　　Aquel día foi cando naceu teu irmán.
　　　あの日に君の兄が生まれた．

(Aquele dia foi quando nasceu teu irmão.)

Foi daquela cando lle dixo o accidente.
　彼があなたにその出来事を言ったのはそのときだった．
(Foi então quando lhe disse o acidente.)

3) **como**(↔ **como**) ポルトガル語と同様に，様態，方法（modo, maneira, xeito, など）を示す語を先行詞にとる関係詞である．

O peor de todo foi o xeito como el llo dixo.
　すべての中で最も悪いことは彼がそれをあなたに言った様子であった．
(O pior de tudo foi o jeito como ele lhe disse isso.)

¿Va que es capaz de correr da maneira como corren os cans?
　犬が走るように走ることができるだろうか？
(Duvido que seja capaz de correr da maneira como correm os cães?)

* "como...ser" あるいは "ser como..." の形で，「様態・方法」を強調する表現がある．

Como se fixo rico foi co contrabando.
　彼が金持ちになったのは密貿易によってであった．
(Como se tornou rico foi com o contrabando.)

Directamente e sen rodeos é como hai que dicir certas cousas.
　直接的にかつ率直にこそ物事を言うべきである．
(Diretamente e sem rodeios é como há que dizer certas coisas.)

36　形容詞・副詞の比較級

(1) **優等比較級**

ガリシア語	ポルトガル語
máis＋形容詞・副詞 ＋**ca**[**(do) que**] ～	**mais**＋形容詞・副詞 ＋**(do) que** ～

A árbore é máis alta cá casa. その木は家よりも高い．

(A árvore é mais alta do que a casa.)

O teatro é máis vivo có cine.　劇は映画よりも訴える力が強い．

(O teatro é mais vivo do que o cinema.)

A miña casa está máis preto cá tua.

私の家は君の家よりも近くにある．

(A minha casa é mais perto do que a sua.)

El correu máis rápido do que eles esperaban.

彼女は彼らが期待していたよりも速く走った．

(Ele correu mais rápido do que eles esperavam.)

É máis doado do que coidabamos.

(それは)私たちが考えていたよりも簡単です．

(É mais fácil do que pensávamos.)

* i) 接続詞caと定冠詞との縮合形は次のようになる．

　　ca+o→có, ca+os→cós

　　ca+a→cá, ca+as→cás

ii) ポルトガル語と同様に，比較の文で後ろから異なる動詞が続くときは，"do que" が用いられる．

iii)"ca"と"coma"の後では主格の代名詞は使われず，前置詞格の代名詞を用いるのが普通である．

　　El é máis novo ca min.彼は私より年下です．

　　　(Ele é mais novo do que eu.)

(2) **劣等比較級**

ガリシア語	ポルトガル語
menos+形容詞・副詞　+ca[(do) que] ～	menos+形容詞・副詞　+(do) que ～

Esta rapaza é menos loira ca ti.この娘は君ほど金髪ではない．

(Esta garota é menos loura que você.)

Xosé é menos preguizoso do que imaxinei.

ショセは私が想像したほど怠け者ではない．

(Xosé é menos preguiçoso do que imaginei.)

El traballa menos afincadamente ca nós.
彼は私たちほど熱心には働かない．
(Ele trabalha menos aplicadamente do que nós.)

(3) 同等比較級

ガリシア語	ポルトガル語
tan＋形容詞・副詞＋coma[como] ～	tão＋形容詞・副詞＋como[quanto] ～

A árbore é tan alta coma a casa.
その木は家と同じくらい高い．
(A árvore é tão alta como a casa.)

O fillo é tan bo coma o pai.　息子は父親と同じくらい善良です．
(O filho é tão bom como o pai.)

A consecuencia final non é tan boa como eu esperaba.
最終的な結果は思っていたほど良くはない．
(A conseqüência final não é tão boa como eu esperava.)

＊ⅰ) 動詞が後に続くときは"como"が使われる．
　ⅱ) "tanto"を用いると，「tanto＋(名詞)＋coma[como] ～」の形になる．

　　El comeu tanto coma min.
　　　彼はわたしと同じくらいたくさん食べた．
　　　(Ele comeu tanto como eu.)
　　Teño tantos cartos coma vostede.
　　　わたしはあなたと同じくらいたくさんのお金を持っている．
　　　(Tenho tanto dinheiro como o senhor.)
　　Traballei tanto como podía.　私はできるだけ働いた．
　　　(Trabalhei tanto quanto possível.)

(4) 不規則な比較級

ガリシア語				ポルトガル語		
形容詞	副詞	比較級	形容詞	副詞	比較級
moito	moito→ **máis**		muito	muito→ **mais**	

pouco	pouco → **menos**	pouco	pouco → **menos**
bo	ben → **mellor**	bom	bem → **melhor**
malo	mal → **peor**	mau, ruim	mal → **pior**
grande	→ **maior**	grande	→ **maior**
	→ **meirande**		
pequeno	→ **menor**	pequeno	→ **menor**

El é máis novo ca min.　彼は私よりも年下です．

(Ele é mais novo[menor] do que eu.)

A froita custa hoxe menos ca onte.

果物は昨日よりも今日は安い．

(A fruta custa hoje menos que ontem.)

Teño máis cartos cá túa amiga.

私は君の友人よりもたくさんのお金を持っている．

(Tenho mais dinheiro do que a tua amiga.)

Eu como menos ca ti.　私は君ほど食べない．

(Eu como menos que você.)

A súa casa era máis grande[maior] cá nosa.

あなたの家はわたしたちの家より大きかった．

(A sua casa era maior que a nossa.)

＊ⅰ) 規則な比較級を持つ形容詞・副詞は比較表現において規則変化の形容詞としても使われる．ただし，máis grandeは口語ではmeirandeとなったり，maiorが「年齢が上である」ことを，meirandeが「形態上大きい」ことを表すように区別して用いられることもある．

　　Aquel home é máis bo [mellor] ca min.

　　　あの男は私よりも善良です．

　　(Aquele homem é melhor que eu.)

　　O meu can é máis grande [meirande] có teu.

　　　私の犬は君の犬よりも大きい．

　　(O meu cachorro é maior do que o teu.)

ⅱ) 形容詞superior, inferior, anterior, interior, exterior, ulterior, posteriorを用いる比較表現には"coma"，"ca"ではなく，"a"

を使う.

iii) 比較級を強めるには, moito máis grande, moito maior, moitísimo máis malo, moitísimo peor, bastante menos caro, bastante mellor, ben máis pequeno, ben peor, のように moito, moitísimo, bastante, ben, などの副詞を置く.

iv) máis maior, ben máis maiorのように, 不規則な比較級の前に, さらにmáisまたはben máisを置いて強めることもある.

37 形容詞・副詞の最上級

(1) 形容詞の最上級

1) 相対最上級

[優等最上級]

ガリシア語	ポルトガル語
定冠詞＋máis＋形容詞 +de [entre] ～	定冠詞＋mais＋形容詞 +de [dentre] ～

[劣等最上級]

ガリシア語	ポルトガル語
定冠詞＋menos＋形容詞 +de [entre] ～	定冠詞＋menos＋形容詞 +de [dentre] ～

A miña casa é a máis alta de todas.
　私の家はすべての中で最も高い.
　(A minha casa é a mais alta de todas.)

El é o máis grande da clase.　彼はクラスで最も大きい.
　(Ele é o maior da classe.)

O meu cabalo é o mellor.　私の馬が最良です.
　(O meu cavalo é o melhor.)

Eu son o menor dos meus irmáns.　私は兄弟の内で最も小さい.
　(Eu sou o menor dos meus irmãos.)

Aquela muller é a menos faladora da casa.

あの女性はその家で最も口数が少ない．

(Aquela mulher é a menos faladora da casa.)

Ela é a menos leda das rapazas.

彼女はそれらの女の子の中で一番陽気ではない．

(Ela é a menos alegre das meninas.)

2）絶対最上級

①形容詞の前に，moi (↔ muito)，ben (↔ bem)，bastante (↔ bastante)，abondo・dabondo (↔bastante：通常，形容詞の後に置かれる)，extraordinariamente (↔extraordinariamente) などの強めの副詞を前に置く．

Este leite está moi quente.　このミルクはとても熱い．

(Este leite está muito quente.)

A lección é doada abondo[abondo doada].

その課はかなり易しい．

(A lição é bastante fácil.)

②形容詞に接尾辞 "-ísimo"（時として -érrimo）を付加する．この形は文語である．

不規則形もある．

ガリシア語		ポルトガル語	
bo	→ **ótimo**[**boísimo**]	bom	→ **ó(p)timo**[**boníssimo**]
malo	→ **pésimo**	mau	→ **péssimo**
grande	→ **máximo**[**grandísimo**]	grande	→ **máximo**[**grandíssimo**]
pequeno	→ **mínimo**	pequeno	→ **mínimo**[**pequeníssimo**]
alto	→ **supremo**[**altísimo**]	alto	→ **supremo**[**altíssimo**]
baixo	→ **ínfimo**	baixo	→ **ínfimo**[**baixíssimo**]
antigo	→ **antiquísimo**	antigo	→ **antiqüíssimo**
fiel	→ **fidelísimo**	fiel	→ **fidelíssimo**
nobre	→ **nobilísimo**	nobre	→ **nobilíssimo**
amable	→ **amabilísimo**	amável	→ **amabilíssimo**
estable	→ **estabilísimo**	estável	→ **estabilíssimo**

célebre → **celebérrimo**	célebre → **celebérrimo**[**celebríssimo**]
libre → **libérrimo**	livre → **libérrimo**
pobre → **paupérrimo**	pobre → **paupérrimo**[**pobríssimo**]
pulcro → **pulquérrimo**	pulcro → **pulquérrimo**

* ⅰ) 口語では，-ísimoを伴う語の前にもmoiを付加して，grandísimo をさらに強めて，moi grandísimoのように言うこともある．
  ⅱ) grandísimo, moi grandísimoがgrandismo, moi grandismo のように "-ísimo" が "-ismo" の形になることもある．
   ¡Maria Santisma!
  ⅲ) 形容詞を重ねる形もある．
   O protagonista era bo, bo. その主役はとても良かった．
    (O protagonista era ótimo.)
  ⅳ) 強めの接頭辞や接尾辞をつける場合もある．
   hiper-：hipertenso, hipersensible；ultra-：ultrarrápido；
   super-：super-rico, supermoderno；re-：resabido；
   requete-：requeteguapo, etc.
   feón, malecha, fracucho, fresquiña, grandeira, etc.

(2) 副詞の最上級

1) 相対最上級

副詞の相対最上級は定冠詞を伴わないので，比較級と同じ形となる．比較級との区別は文脈によって判断しなければならない．

¿Que desexa máis vostede? あなたは何を最もお望みですか？
  (O que o senhor deseja mais?)

¿Quen estuda menos da nosa clase?
  私たちのクラスで誰が最も勉強しませんか？
  (Quem estuda menos da nossa classe?)

2) 絶対最上級

形容詞の場合と同様に，強めの副詞を置いたり，"-ísimo"を副詞に付加したり，形容詞に "-ísimamente" をつけた副詞を使ったりする．

Respondéronnos moi ben. 彼は私たちにとても上手に答えた．
  (Responderam-nos muito bem.)

Chegou tardísimo.　彼はとても遅く到着した．
　　(Chegou muito tarde.)
Gostoume moitísimo ese libro.
　　私はその本がたいそう気に入った．
　　(Gostei muitíssimo desse livro.)
Comportouse brillantísimamente.
　　彼は非常にすばらしい行動をした．
　　(Comportou-se brilhantissimamente.)
* 「o máis＋副詞＋que＋poder ～」の形でも表せる．
　　Andaron o máis lixeiramente que puideron.
　　　彼らはできるだけ速く歩いた．
　　(Andaram o mais ligeiramente possível.)

38　縮小辞と増大辞

　縮小辞は，普通，語に「小ささ・可憐さ・親愛の情」などの意味を付け加え，増大辞は「大きさ・不格好」などの意味を与える．しかし，本来，小さい方がよいと思われるものに増大辞が加わったり，大きい方が好ましいものに縮小辞が付くと軽侮的なニュアンスが出てくることが多いので，その使用は習慣的に固定しているもの以外は，注意する必要がある．

(1) **縮小辞**

ガリシア語：-iño, -iña, -acho, -allo, -ciño, -elo, -ello, -eno, -ete, -eto, -ico, -igo, -illón, -inelo, -izo, -oco, -olo, -uco, -ucho, -uxo, -uzo, etc.

ポルトガル語：-inho, -zinho, -ito, -ote, -ota, -acho, -ebre, -ete, -im, -ino, -ola, etc.

cabra「ヤギ」→ cabuxa　　　　　　can「犬」　→ canciño, cadelo
casa「家」　→casarella, caseto, casiña　Catarina「人名」→ Catuxa
facho「たいまつ」→ fachico, fachuzo　　fogo「火」　→ foguete
fonte「泉」　→ fontela　　　　　　home「男」　→ homiño

María「人名」→ Maruxa		marrán「豚」→ marrello	
muller「女」 → mulleriña		nai「母」 → naiciña	
pai「父」 → paiciño		ponte「橋」 → pontella	
raio「光線」 → raiola		rapaz「少年」→ rapazolo	
rapaza「少女」→ rapaceta, rapariga		saia「スカート」→ saiña	
xoia「宝石」 → xoiña			

　＊縮小辞は，しばしば，形容詞や名詞，ある場合には副詞などについて強調を示すことがある．
　　coitado→coitadiño「とても可哀想な」, logo→loguiño「早々に」
　　mouro→mouriño「黒褐色の」, 　　　o mesmo→o mesmiño
　　　　　　　　　　　　　　　　　　　　　「まさに同じこと」
　　cerca→cerquiña「すぐ近くに」, 　todo→todiño「すっかり」

(2) 増大辞

ガリシア語：**-ón, -ona, -etón, -zarrón, -zarrona, -azo, -aza, -ote, -ota,** etc.

ポルトガル語：**-ão, -ona-, -(z)arrão, -aço, -rão, -alho, -arra, -asco, -eiro,** etc.

burro「ロバ」→ burrazo 　　　　　burra「雌ロバ」→ burraza
cabalo「馬」→ cabalón 　　　　　 casa「家」 → casona
mozo「青年」→ mocetón, mozarrón　moza「娘」 → mocetona, mozarrona
muller「女」→ mullerona, mullerón　rapaz「少年」→ rapazote
rapaza「少女」→ rapazota

　＊ 以上のような増大辞は，ほとんどの場合に，大きい，または軽蔑的・諧謔的あるいは親密な意味合いを語に与える．例えば，amigoteにおけるように，軽蔑的な意味合いを与えるのは増大辞だけでなく，縮小辞の場合にも見られる．ただし，状況やイントネイションによって称賛の意味合いを表すこともある．軽蔑辞としては，-acho, -ancho, -axe, -astro [-asto], -echo, -exo, -icho, -oupo [-opo], -upo, -uxo, -uzo, などがある．
　　　fio→fiacho「糸くず」　　　ferro→ferrancho, ferragancho
　　　　　　　　　　　　　　　　　　　　　　　　　「古鉄」

madre→madrasta「継母」　lugar→lugarexo「寒村」
casa→casarexa「あばら家」　xente→xentuza「くだらない連中」

39　直説法未来

(1) 活用

1) 規則動詞

> ガリシア語
>
> **動詞の原形＋-ei, -ás, -á, -emos, -edes, -án**
>
> ポルトガル語
>
> **動詞の原形＋-ei, -ás, -á, -emos, -eis, -ão**

2) 不規則動詞

ガリシア語で不規則な活用をするのは下記の2動詞とその派生語だけである。一方，ポルトガル語では，-zerで終わる動詞とその派生語のみである。（　）内はポルトガル語の不規則動詞の活用である。

dicir：direi, dirás, dirá, diremos, diredes, dirán
　（dizer：direi, dirás, dirá, diremos, direis, dirão）
facer：farei, farás, fará, faremos, faredes, farán
　（fazer：farei, farás, fará, faremos, fareis, farão）
traer：規則活用する。
　（trazer：trarei, trarás, trará, traremos, trareis, trarão）

(2) 用法

1) 未来の行為・状態

Chegarei mañá no avión.
　私は，明日，その飛行機で到着します。
　(Chagarei amanhã no avião.)
O millo non caberá este ano no hórreo.
　トウモロコシは，今年，穀物倉庫に入らないだろう。
　(O milho não caberá este ano no celeiro.)
Nós non poderemos pinta-la nosa casa de branco.
　私たちは家を白く塗ることはできないでしょう。

(Nós não poderemos pintar a nossa casa de branco.)
　¿Sabes se o tren sairá para Ourense?
　　その列車はオレンセに向けて出るかどうか，君は知ってますか？
　　(Sabes se o trem sairá para Ourense?)
2）現在の事実についての推量
　Serán as oito da tarde.　午後の8時でしょう．
　　(Serão oito da tarde.)
　Esta boneca valerá vinte pesos.
　　この人形は20ペソの値打ちがあるでしょう．
　　(Esta boneca valerá vinte pesos.)
　Saberán pouco das causas da enfermidade.
　　その病気の原因についてはほとんど知られていないでしょう．
　　(Saberão pouco das causas da enfermidade.)
＊次の例のように疑いや皮肉な意味合いを表すこともある．
　　　Será moi listo, pero non o parece.
　　　　彼はとても賢いのでしょうが，そのようには見えません．
　　　¿Tes fame?　君はおなかが空いてる？
　　　　－ Terei.（＝¡Claro que teño!）空いているにきまっている．
3）（2人称形で）命令・希望
　Terás que marchar.　出発しなければならない．
　　(Terás que partir.)
　Honrarás a teu pai e a túa nai.　父母を敬え．
　　(Honrarás teu pai e tua mãe.)
　Levarás esta carta pola tarde ó correo.
　　午後にこの手紙を郵便局に持っていきなさい．
　　(Levarás esta carta de tarde ao correio.)
＊ⅰ）ポルトガル語の直説法未来完了に対応する時制は，ガリシア語では，すでに見た直説法完全過去や「terの未来＋過去分詞」などで表すことができるが，「haber＋過去分詞」の形は使われない．
　　Cando ti chegues, xa terei eu o traballo acabado.
　　　君が着く頃には，私はその仕事を終わっているでしょう．

— 160 —

Cando ti chegues xa hei ter eu o traballo acabado.
Cando ti chegues xa acabei eu o traballo.
(Quando você chegar, eu já terei acabado o trabalho.)
ⅱ) 現代ガリシア語では，未来や過去未来の代わりに動詞迂言句による表現が用いられることが多い．

40　直説法過去未来

(1) **活用**

1) 規則動詞

ガリシア語
動詞の原形＋-ía, -ías, -ía, -iamos, -iades, -ían

ポルトガル語
動詞の原形＋-ia, -ias, -ia, -íamos, -íeis, -iam

2) 不規則動詞

不規則動詞は，両語ともに直説法未来の場合と同じである．（ ）内はポルトガル語の不規則動詞の活用である．

dicir：diría, dirías, diría, diriamos, diriades, dirían
　(dizer：diria, dirias, diria, diríamos, diríeis, diriam)
facer：faría, farías, faría, fariamos, fariades, farían
　(fazer：faria, farias, faria, faríamos, faríeis, fariam)
traer：規則活用する．
　(trazer：traria, trarias, traria, traríamos, traríeis, trariam)

(2) **用法**

1) 過去のある時点から見た未来の動作・状態

Dixo que chegaría onte [hoxe, mañá].
　彼は，昨日[今日，明日]到着すると言った．
　(Disse que chegaria ontem [hoje, amanhã].)
Coidaba que non o vería en toda a miña vida.
　私は，一生，彼に会わないだろうと思っていた．

(Pensava que não o veria em toda a minha vida.)

Dixeron que despois che carrexaría a mercancía para a feira.

後で市（いち）に商品を車で運ぶだろうと彼らは言った．

(Disseram que depois acarretariam a mercadoria para a feira.)

2) 過去・現在・未来の事実についての推量

¿Quen foi o que me rompeu o xarro? − Serían os nenos.

私の水差しを壊したのは誰ですか？ − その男の子たちでしょう．

(Quem foi que me quebrou o jarro? − Seriam os meninos.)

Andaría polos corenta cando eu o coñecín.

私が彼と知り合いになったとき，彼は40歳くらいだったでしょう．

(Estaria pelos quarenta quando o conheci.)

Serían entón as oito. そのときは8時だったでしょう．

(Seriam oito então.)

3) 現在に関する婉曲表現

Gustaríame chegar canto antes.

できるだけ早く到着したいものです．

(Gostaria de chegar quanto antes.)

Quereríalle pedir un favor.

あなたに1つお願いがあるのですが．

(Queria pedir-lhe um favor.)

¿Poderíame escoitar cinco minutos?

私の言うことに5分間耳を傾けてくれますか？

(Poder-me-ia escutar cinco minutos?)

* i) 再帰代名詞や目的格代名詞が直説法未来・過去未来の動詞の後に置かれると，ポルトガル語では，上記の例のようにそれらは原形と活用語尾の間に入れられるが，ガリシア語では後置される．

ii) quizá(s)「たぶん」，poida que～「おそらく～だろう」，などの後で，接続法不完全過去が過去未来の代わりに使われることがある．

iii) 口語で，相手の言ったことを強く否定するときや皮肉をこめた返答

をする際に，相手の用いた動詞を過去未来の形で繰り返すことがある．

iv) 過去未来は仮定文の帰結節に使われる．

Se o restaurante estivese aberto, convidaríate.

もしレストランが開いていれば，君を招待するのに．[estivese：estarの接・過去3人称単数形]

(Se o restaurante estivesse aberto, convidar-te-ia.)

v) 1) と3) の用法には直説法不完全過去も使われる．

vi) ポルトガル語の直説法過去未来完了に対応する時制は「terの過去未来＋過去分詞」や「terの不完全過去＋過去分詞」などで表される．

Dixo que había ter acabado o traballo cando ti chegases.
　　　〃　〃　tería acabado　　　〃　〃　〃　〃　.
　　　　　　 tiña acabado　　　 〃　〃　〃　〃　.

君が到着する頃には仕事を終えているだろうと(彼は)言った．
[chegases：chegarの接・過去2人称単数形]

(Disse que teria acabado o trabalho quando você chegasse.)

41　分数と倍数

(1) 分数

	ガリシア語	ポルトガル語
2分の1	un medio [metade]	um meio [metade]
3分の1	un tercio	um terço
4分の1	un cuarto	um quarto
5分の1	un quinto	um quinto
6分の1	un sexto	um sexto
7分の1	un sétimo	um sétimo
8分の1	un oitavo	um oitavo
9分の1	un noveno	um nono
10分の1	un décimo	um décimo
11分の1	un onceavo [un undécimo]	um onze avos [um undécimo]
12分の1	un doceavo [un duodécimo]	um doze avos [um duodécimo]

13分の1	un treceavo	um treze avos
⋮	⋮	⋮
16分の1	un dizaseisavo	um dezesseis avos
⋮	⋮	⋮
100分の1	un centésimo	um centésimo
1000分の1	un milésimo	um milésimo

＊ⅰ) 分子に基数，分母に序数を用いるのが原則である．分子が1なら分母は単数形，分子が2以上ならば分母は複数形となる．また2分の1は名詞のmetade(＝media unidade)ででも表せる．

 dous tercios （↔dois terços）「3分の2」
 cinco oitavos （↔cinco oitavos）「8分の5」
 a metade da pera （↔a metade da pera）「ナシ半分」
 media mazá （↔meia maçã）「半分のリンゴ」
 un cuarto quilo de arroz （↔um quarto quilo de arroz）「米4分の1キロ」

ⅱ) 分母が11以上の場合には，ガリシア語では基数にavoを加えた1語で表されるが，ポルトガル語においては「基数＋avos」の形を取る．ただし，ガリシア語ではonceavo[-va], doceavo[-va], …のような性変化だけでなく，数の変化もある．

 un onceavo（↔um onze avos）「11分の1」
 un doceavo（↔um doze avos）「12分の1」
 dous vintenoveavos（↔dois vinte e nove avos）「2/29」
 sete trescentos corenta e cincoavos（↔sete trezentos e quarenta e cinco avos）「7/345」

ⅲ) 両語ともに，分母の序数にparte(s)をつける形もある．
 unha tercia parte（↔uma terça parte）「3分の1」
 unha quinta parte（↔uma quinta parte）「5分の1」
 unha cuarta parte dun litro（↔uma quarta parte dum litro）
  「4分の1リットル」

a oitava parte do libro(↔a oitava parte do livro)
「その本の8分の1」

(2) 倍数

	ガリシア語	ポルトガル語
2倍(の)	dobre, duplo(-a)	dobro, duplo(-a)
3倍(の)	triple, triplo(-a)	triplo(-a)
4倍(の)	cuádruple, cuádruplo(-a)	quádruplo(-a)
5倍(の)	quíntuplo(-a)	quíntuplo(-a)
6倍(の)	séxtuplo(-a)	sêxtuplo(-a)
7倍(の)	séptuplo(-a)	séptuplo(-a)
8倍(の)	óctuplo(-a)	óctuplo(-a)
9倍(の)	nónuplo(-a)	nônuplo(-a)
10倍(の)	décuplo(-a)	décuplo(-a)
100倍(の)	céntuplo(-a)	cêntuplo(-a)

＊ⅰ) ガリシア語の"dobre"は名詞としても形容詞としても使われるが、ポルトガル語の"dobro"は名詞である．

café dobre(↔café duplo)「倍の量のカップに入ったコーヒー」
duplo obxectivo(↔duplo objetivo)「二重の目的」
Ela comeu o dobre de sopa ca ti.
　　彼女は君の倍のスープを飲んだ．
(Ela comeu o dobro de sopa que você.)
El ten o dobre de anos ca min.
　＝El ten dúas veces máis anos ca min.
　＝El ten dúas veces os meus anos.
　　彼の年齢は私の2倍である．
(Ele tem o dobro da minha idade.)

ⅱ) 4倍以上は「基数＋veces＋比較級」の表現が使われるのが普通である．

El fixo dez veces máis traballo ca ti.
　　彼は君よりも10倍の仕事をした．
(Ele fez dez vezes mais trabalho que você.)

42　直説法過去完了

(1) **活用**

	ガリシア語		ポルトガル語	
	\multicolumn{2}{c}{pens-**ar**}	\multicolumn{2}{c}{pens-**ar**}
	単数	複数	単数	複数
1人称	pens-**ara**	pens-**aramos**	pens-**ara**	pens-**áramos**
2人称	pens-**aras**	pens-**arades**	pens-**aras**	pens-**áreis**
3人称	pens-**ara**	pens-**aran**	pens-**ara**	pens-**aram**

	\multicolumn{2}{c}{com-**er**}	\multicolumn{2}{c}{com-**er**}
	単数	複数	単数	複数
1人称	com-**era**	com-**eramos**	com-**era**	com-**êramos**
2人称	com-**eras**	com-**erades**	com-**eras**	com-**êreis**
3人称	com-**era**	com-**eran**	com-**era**	com-**eram**

	\multicolumn{2}{c}{part-**ir**}	\multicolumn{2}{c}{part-**ir**}
	単数	複数	単数	複数
1人称	part-**ira**	part-**iramos**	part-**ira**	part-**íramos**
2人称	part-**iras**	part-**irades**	part-**iras**	part-**íreis**
3人称	part-**ira**	part-**iran**	part-**ira**	part-**iram**

* i) ガリシア語の1人称と2人称の複数の活用形のアクセントの位置は，-eramos, -erades；-eramos, -erades；-iramos, -iradesの下線部にあることと，ガリシア語では，直説法完全過去の3人称複数の活用形(-aron, -eron, -iron)は，この過去完了とは異なっている点に注意すること．

ii) ポルトガル語の過去完了には，この活用形（単純形）の他に「ter [haver] 直説法不完全過去＋過去分詞」という複合形が存在し，口語ではその形の方が用いられる傾向にある．

(2) **用法**

1) 過去のある時点よりも以前に完了した行為を示す

Xa viñera o tren cando nós chegamos.
我々が到着したとき，列車はすでに来ていた．
(O trem já tinha vindo quando nós chegamos.)
Non sabía que volveras da cidade.
君が町から帰っていたことを知らなかった．
(Não sabia que você tinha voltado da cidade.)
El dixo que chegara onte.　彼は昨日到着していたと言った．
(Ele disse que chegara ontem.)

2）願望・祈願を表す．
¡Quen me dera!　そうだったらなあ！
(Quem me dera!)
¡Quen puidera convosco voar!
君たちと飛行機で行くことができたらなあ！
(Pudera voar com vocês!)
¡Se eu me volvera de 20!　20歳に戻れたらなあ！
(Se eu voltasse aos 20!)

3）他の時制の代用をする．
①仮定文の条件節，その他において，接続法過去の代わりをする．
Se se dera(＝dese) moito ó estudo, xa sería un personaxe.
もし彼が勉学に大いに打ち込んでいたら，すでにひとかどの人物になっているであろう．
(Se se dedicasse muito ao estudo, já seria um personagem.)
Suxeriume que consultara(＝consultase) un especialista.
彼は私に専門家の意見を聞いたらどうですかと提案した．
(Sugeriu-me que consultasse um especialista.)
Por máis que fixera(＝fixese) non se ía librar do cárcere.
どんなにしても，刑務所から解放されないだろう．
(Por mais que fizesse, não se ia livrar do cárcere.)

＊仮定文の帰結節において，直説法過去未来の代わりに使われることもあ

る．これらの代用はガリシア語では広く行われるが，ポルトガル語ではまれである．

② deber, poder, querer, などと用いて，現在の婉曲な表現に用いられる．

Quixera(=Quería) axudalo, pero non podo.
　　あなたを助けてあげたいのですが，できません．
　　(Queria ajudá-lo, mas não posso.)
Quixera consultarlle un problema.
　　あなたにご相談したい問題があるのですが．
　　(Queria consultar-lhe um problema.)
Debera(=Debería) explicarllo canto antes.
　　できるだけ早く彼(女)にそれを説明すべきでしょう．
　　(Deveria explicar-lhe isso quanto antes.)

＊　すでに見た直説法不完全過去・過去未来にも同じ用法がある．ポルトガル語ではこの用法は文語である．

43　不定詞

ガリシア語には，ポルトガル語と同様に，活用しない非人称不定詞と人称・数に従って活用する人称不定詞とがある．ただし，「時制」は持たず，主節の時との関係で相対的な時を示す完了形を持つのみである．

(1) 非人称不定詞

動詞の非人称不定詞は常に原形を保つ．

1) 男性単数扱いの名詞として主語・補語・(動詞・前置詞の) 目的語になる．定冠詞・指示形容詞などを伴うこともある．

Camiñar é moi sano.　歩くことはとても健康的です．
　　(Caminhar é muito saudável.)
Nacer é comezar a morrer.
　　生まれることは死に始めることである．
　　(Nascer é começar a morrer.)
O viver é so soñar.　生きることは夢見ることにすぎない．
　　(Viver é só sonhar.)

Esta porta é mala de abrir.　この扉は開けにくい．
　　(Esta porta é ruim de abrir.)
　　Esquecinme de pecha-la porta.　私は扉を閉めるのを忘れた．
　　(Esqueci-me de fechar a porta.)
　＊ⅰ）名詞として定着した不定詞もある．
　　　　deber(es)（↔dever)「義務」，haber(es)（↔haver)「財産」，poder(es)（↔poder)「力」，pesar(es)（↔pesar)「悲しみ」，pracer(es)（↔prazer)「喜び」，parecer(es)（↔parecer)「外見，意見」，など．
　　ⅱ）非人称的に用いられるとき，あるいは助動詞の直後の動詞は，通常，非人称不定詞になる．しかし，助動詞と主動詞の間に挿入句がある場合は人称不定詞になることがある．
　　　　É mester traballar para vivir.　生きるために働く必要がある．
　　　　　(É mister trabalhar para viver.)
　　　　Non saben ler.　彼らは字が読めない．
　　　　　(Não sabem ler.)
　　　　Houbemos de morrer.　私たちは死ぬところだった．
　　　　　(Estivemos a ponto de morrer.)
　　ⅲ）「a＋不定詞」は現在分詞と同じ働きをする（→25現在分詞と進行形）．
２）命令・禁止・願望などを表す．
　　Non fumar.　煙草を吸わないこと．
　　(Não fumar.)
　　Traer ovos do supermercado.
　　スーパーマーケットから卵を持ってきなさい．
　　(Trazer ovos do supermercado.)
　　＊　強調のために，主動詞と同じ動詞の非人称不定詞を前に置くことがある．
　　Ver vin a teu curmán, pero non me deu tempo a falarlle.
　　（君のいとこに会うは会ったが，彼に話をする時間がなかった．）
３）関係詞［疑問詞］とともに用いて，「〜すべき」の意味を表す．
　　Hai moitas bocas que alimentar.　扶養家族がたくさんいる．

(Há muitas bocas para alimentar.)
　¿Tendes moito labor que facer?
　　　君たちはすべき仕事がたくさんありますか？
　　　(Vocês têm muito trabalho para fazer?)
　Non teño cama onde dormir.
　　　私には眠るべきベッドがありません．
　　　(Não tenho cama onde dormir.)
　Non sei como facelo.
　　　私はそれをどのように作るのか分かりません．
　　　(Não sei como fazê-lo.)

(2) **完了非人称不定詞**

　主文の動詞の時制よりも不定詞の時制の方が前であることを強調する形である．

ガリシア語
ter＋過去分詞

ポルトガル語
ter [haver]＋過去分詞

　O ter feito iso é unha vergonza. それをしたことは恥である．
　　　(Ter feito isso é uma vergonha.)

　＊強調しない場合は，上記の文は，O facer iso é unha vergonza. でもよし，文法学者によってはガリシア語には不定詞が複合形を作ることはないとする人もいる．

(3) **人称不定詞**

　1) 活用

ガリシア語
原形，原形＋-es, 原形，原形＋-mos, 原形＋-des, 原形＋-en

ポルトガル語
原形，原形＋-es, 原形，原形＋-mos, 原形＋-des, 原形＋-em

　＊人称不定詞には活用が不規則になる動詞は存在しない．

2) 用法
① 主文の動詞の主語と不定詞の主語とが異なるとき.
Facermos o que queres non é doado.
君が望むことを我々がすることは容易ではない.
(Não é fácil fazermos o que você quer.)
É hora de marchares.　君が出発する時間です.
(É hora de você partir.)
Viren tan cedo non é normal.
彼らがこのように早くくることは普通ではない.
(Não é normal viren tão cedo.)
Facérde-lo xantar ás doce é tarefa vosa.
12時に昼食を作ることは君たちの仕事です.
(É a sua tarefa vocês fazerem o almoço.)
Sería mellor marcharmos desta cidade canto antes.
私たちができるだけ早くこの市を出発する方がよいでしょう.
(Seria melhor partirmos desta cidade quanto antes.)
②　前置詞句に導かれる場合(主文の動詞と不定詞の主語が同じでも)で, 文意の明確化や強調したいとき.

Para chegarmos deica Lugo antes da noite, temos que marchar agora.
夜になる前にここからルーゴに到着するためには, 私たちはいま出発しなければならない.
(Para chegarmos daqui a Lugo antes de anoitecer, temos que partir agora.)
De vivires aquí, aprende o galego.
君はここで暮らすなら, ガリシア語を学びなさい.
(Se viveres aqui, aprende galego.)
Por cumprires todo o prometido, es merecente dunha recompensa.
約束をすべて果たしたので, 君は報酬を受ける権利がある.
(Por cumprir todo o prometido, você é mercedor duma

recompensa.)
* ⅰ) 知覚動詞（oír, sentir, ver, etc.）や使役動詞（deixar, facer, mandar, permitir, etc.）ともに不定詞が用いられ，不定詞の主語が主動詞の主語と異なる代名詞である場合には，非人称不定詞が使われるが，それが名詞であるときには人称不定詞が現れることもある．

    Sentínvos falar ata as catro da mañá.
    私は君たちが朝の4時まで話すのを遺憾に思った．
    Vin os soldados chegaren a modiño pola ponte.
    私は兵士たちが少しずつ橋の辺りに到着するのを見た．

ⅱ) 前置詞句が主動詞の後に来る場合は非人称不定詞になることもある．しかし，両者が離れているときには意味の明確化のために人称不定詞が用いられることが多い．

    Pra faceren iso non necesitan de min.
    それをするのに，私が必要ではない．
    Cf. Non necesitan de min pra facer[faceren] iso.
    Ó chegares escribe.　到着したら，手紙を書きなさい．
    Cf. Escribe ó chegar[chegares].
    Marchamos deste maravilloso país, que tan ben nos recibiu, para voltarmos ó noso.
    我々をとても暖かく受け入れてくれたこの素晴らしい国から我が国に向けて出発した．

(4) 完了人称不定詞

主文の動詞の時制よりも不定詞の時制の方が前であることを強調する．

ガリシア語

ter の人称不定詞＋過去分詞

ポルトガル語

ter [haver] の人称不定詞＋過去分詞

Antes de termos saído, xa eu o tiña visto.
私たちが出掛けるまえに，私はすでに彼に会った．
(Antes de termos saído, eu já o tinha visto.)
Despois de teres falado, coidei pouco nas tuas falas.
君が話した後で，私は君の言ったことをあまり考えなかった．

(Depois de teres falado, pensei pouco nas tuas palavras.)

44 接続法現在の活用

(1) 規則動詞

1) -ar 動詞

ガリシア語 fal-**ar**		ポルトガル語 fal-**ar**	
単数	複数	単数	複数
1人称 fal-**e**	fal-**emos**	fal-**e**	fal-**emos**
2人称 fal-**es**	fal-**edes**＊	fal-**es**	fal-**eis**
3人称 fal-**e**	fal-**en**	fal-**e**	fal-**en**

＊ⅰ) falésという異形もある．

ⅱ) -car・-gar・-zar で終わる動詞の1人称単数形は，それぞれ，-que・-gue・-ceとなる．

2) -er・-ir 動詞

ガリシア語 bat-**er**		ポルトガル語 bat-**er**	
単数	複数	単数	複数
1人称 bat-**a**	bat-**amos**	bat-**a**	bat-**amos**
2人称 bat-**as**	bat-**ades**＊	bat-**as**	bat-**ais**
3人称 bat-**a**	bat-**an**	bat-**a**	bat-**am**

＊ⅰ) batásという異形もある．

ⅱ) -cer・-guer・-cir・-guir・-quir で終わる動詞の1人称単数形は，それぞれ，-za・-ga・-za・-ga・-caとなる．

ⅲ) moer, doer, caer, saír, などは直説法不完全過去の活用と混同しないように注意すること．

moer 接続法現在：moia, moias, moia, moiamos, moiades, moian
直説法不完全過去：moía, moías, moía, moïamos, moïades, moían

(2) 不規則動詞

* ( ) 内は対応するポルトガル語動詞の活用である.

dar : dea deas dea deamos deades dean
 (dar : dê, dês, dê, demos, deis, dêem)
estar : estea esteas estea esteamos esteades estean
 (estar : esteja, estejas, esteja, estejamos, estejais, estejam)
haber : haxa haxas haxa haxamos haxades haxan
 (haver : haja, hajas, haja, hajamos, hajais, hajam)
poder : poida, poidas, poida, poidamos, poidades, poidan
 (poder : possa, possas, possa, possamos, possais, possam)
querer : queira queiras queira queiramos queirades queiran
 (querer : queira, queiras, queira, queiramos, queirais, queiram)
saber : saiba saibas saiba saibamos saibades saiban
 (saber : saiba, saibas, saiba, saibamos, saibais, saibam)
ser : sexa sexas sexa sexamos sexades sexan
 (ser : seja, sejas, seja, sejamos, sejais, sejam)
ir : vaia vaias vais vaiamos vaiades vaian
 (ir : vá, vás, vá, vamos, vades, vão)

* i) 前記の不規則動詞を除いて, 直説法現在の活用が不規則な動詞の場合も, 1人称単数形の語尾の -o を取り除き, 規則動詞のように語尾変化をさせればよい.

  caber : caiba, caibas, caiba, caibamos, caibades, caiban
   (caber : caiba, caibas, caiba, caibamos, caibais, caibam)
  facer : faga, fagas, faga, fagamos, fagades, fagan
   (fazer : faça, faças, faça, façamos, façais, façam)
  poñer·pór : poña, poñas, poña, poñamos, poñades, poñan
   (pôr : ponha, ponhas, ponha, ponhamos, ponhais, ponham)
  ter : teña, teñas, teña, teñamos, teñades, teñan
   (ter : tenha, tenhas, tenha, tenhamos, tenhais, tenham)
  traer : traia, traias, traia, traiamos, traiades, traian
   (trazer : traga, tragas, traga, tragamos, tragais, tragam)

valer : valla, vallas, valla, vallamos, vallades, vallan
　　　(valer : valha, valhas, valha, valhamos, valhais, valham)
　　ver : vexa, vexas, vexa, vexamos, vexades, vexan
　　　(ver : veja, vejas, veja, vejamos, vejais, vejam)
　　saír : saia, saias, saia, saiamos, saiades, saian
　　　(sair : saia, saias, saia, saiamos, saiais, saiam)
　　pedir : pida, pidas, pida, pidamos, pidades, pidan
　　　(pedir : peça, peças, peça, peçamos, peçais, peçam)
　　dicir : diga, digas, diga, digamos, digades, digan
　　　(dizer : diga, digas, diga, digamos, digais, digam)
　　vir : veña, veñas, veña, veñamos, veñades, veñan
　　　(vir : venha, venhas, venha, venhamos, venhais, venham), etc.
　ⅱ) rir : ría, rías, ría, riamos, riades, rían の活用は直説法不完全過去の活用と全く変わらない.

45　命令の表現

| | 肯 定 命 令 || 否 定 命 令 ||
	単　数	複　数	単　数	複　数
1人称		接続法現在		接続法現在
2人称	命　令　法		接続法現在	接続法現在
3人称	接続法現在		接続法現在	接続法現在

＊　依頼を含めた命令の表現について, ガリシア語とポルトガル語ともほぼ同じである.

(1)　**3人称（意味上は2人称）に対する依頼**

1) 肯定命令（接続法現在を用いる）

　　Déame un quilo e medio deste arroz.
　　　このお米を1.5キログラムください.
　　　(Me dê um quilo e meio deste arroz.)
　　Pasaxeiros con destino a Lisboa, diríxanse á porta de embarcación.

リスボン行きのお客様，搭乗ゲートへ向かってください．

(Passageiros com destino a Lisboa, dirijam-se ao portão de embarque.)

Présteme unha pluma para firma-los cheques.

小切手にサインをするためにペンを貸してください．

(Empreste-me uma caneta para assinar os cheques.)

* 丁寧な依頼を表すのに，Faga o favor de ... (Faça o favor de ...) という表現もある．

2) 否定命令（接続法現在を用いる）

Non xire a esquerda na vindeira esquina.

次の角で左に曲がらないでください．

(Não vire à esquerda na próxima esquina.)

Non pasen as mans sucias nos ollos.

汚れた手を目にやってはいけません．

(Não passem as mãos sujas nos olhos.)

(2) **2人称 ti, vós に対する命令**

1) 肯定命令（命令法を使う）

	ガリシア語 falar	comer	partir		ポルトガル語 falar	comer	partir
ti	**fala**	**come**	**parte**	tu	**fala**	**come**	**parte**
vós	**falade**	**comede**	**partide**	vós	**falai**	**comei**	**parti**

* i) ガリシア語の ti に対する肯定命令は直説法現在3人称単数形と同じ形になるが，不規則形も存在する．しかし規則形においても，-er 動詞で語根に母音 -e, -o を有する動詞－例えば，beber, coller など－は直説法現在の2人称単数形では開口音の[ɛ], [ɔ]であるが，命令法の2人称単数形では閉口音の [e], [o] となり，母音の音色が変わる．

a) ポルトガル語の tú に対する命令形の不規則動詞は ser だけである (sê)．ガリシア語では，ser (sé), vir (ven) だけでなく，seguir(sigue), dormir(durme), lucir(luce), xunguir (xungue), などは直説法現在3人称形と異なる命令形を持って

— 176 —

いる.
　b) vós に対する肯定命令形はガリシア語もポルトガル語も直説法現在の2人称複数形の語尾の"s"を取り去った形になる. 両語とも不規則動詞は ser だけで, 同形 sede となる. なお, ガリシア語には, nós に対する命令形 vamos が存在している. また, ブラジルのポルトガル語では2人称複数形は非常に限られた状況でしか使われない.
　c) ガリシア語の命令法の特殊な使い方として, 次の例のように重複して命令形の動詞を用いて, あるいは接続詞の"que"または"e"を介在させて, 動作の反復・強調を示す表現がある.
　　Come que come, bebe que bebe, xoga que xoga pasámo-la noite toda.
　　大いに食べたり, 飲んだり, 遊んだりして, 私たちは一晩中過ごした.

Dáme un paquete de tabaco.
　煙草を1箱ちょうだい.
　(Me dá um maço de cigarro.)
Ven buscarme mañá ás oito.
　明日8時に私を迎えに来てちょうだい.
　(Vem me buscar amanhã às oito.)
2) 否定命令（接続法現在を使う）
Non fagas iso.　そんなことをするな.
　(Não faças isso.)
Non esquezades o noso compromiso.
　私たちの約束を忘れるなよ（君たち）.
　(Não esqueçam o nosso compromisso.)

(3) その他の命令の表現
1)「助動詞＋不定詞」
¿Pode abri-la súa carteira?
　手提げカバンを開けてくださいますか？
　(Pode abrir a sua maleta?)
¿Pode presentarme a aquel señor?

あの方に私を紹介して頂けますか？

(Pode-me apresentar àquele senhor?)

2) 名詞・副詞・現在分詞・不定詞などを用いて，命令・禁止・号令を示す．

¡Silencio! 静粛に！

(Silêncio!)

¡De presa! 急いで！

(Depressa!)

* その他，すでに見た直説法現在形や直説法未来形でも命令の表現ができる．

46 接続法現在の用法

(1) 名詞節

1) 目的語になっている名詞節

次のような動詞の目的語に名詞節がなっているとき，接続法現在が用いられる．主動詞の時制は直説法現在・未来，あるいは命令文である．

① 願望・期待・懇願・勧告・要求・命令・禁止・許可・強制・放任などの意志を表す動詞

Quero que o fagas.

私は君にそれをしてもらいたい．

(Quero que você faça isso.)

Non quero que me digas nada.

私は君が何も言わないことを望んでいない．

(Não quero que você diga nada.)

Dígalle que veña astra de hoxe.

今日までに来るように彼に言ってください．

(Diga-lhe que venha até hoje.)

Prohíbolle que saia ó estranxeiro.

外国に出て行くことをあなたに禁止いたします．

(Proíbo-lhe que saia para o estrangeiro.)

* 意志を表す動詞は以下のようなものがある．
  aconsellar(↔aconselhar)「勧める」, consentir(↔consentir)「同意する」, deixar(↔deixar)「放任する」, desexar(↔desejar)「望む」, esixir(↔exigir)「要求する」, esperar(↔esperar)「期待する」, facer(↔fazer)「させる」, mandar(↔mandar)「命じる」, opoñer(↔opor)「反対する」, ordenar(↔ordenar)「命じる」, pedir(↔pedir)「頼む」, permitir(↔permitir)「許す」, preferir(↔preferir)「好む」, prohibir(↔proibir)「禁止する」, propoñer(↔propor)「提案する」, querer(↔querer)「欲する」, rogar(↔rogar)「懇願する」, suplicar(↔suplicar)「懇願する」, etc.

② 遺憾・心配・不安・危惧などの感情を示す動詞

　　Receamos que haxa unha guerra.
　　　戦争が起こるのではないかと私たちは危惧しています．
　　(Receamos que haja uma guerra.)
　　Sinto que vostedes non poidan ir ó cine connosco.
　　　あなたたちが私たちと一緒に映画に行けないことを私は残念に思っています．
　　(Sinto que os senhores não podem ir ao cinema conosco.)

* 次のような感情の表現が主節に使われ，従属節がその原因・理由を示すときにも接続法になる：estar contento de que...(↔ estar contente que...)「嬉しく思う」, ter pena de que...(↔ter pena que...)「残念に思う」, ter medo de que ...(↔ter medo que...)「恐れる」, etc.

　　Teño medo de que cheguen tarde.
　　　彼らは遅刻するのではないかと心配です．
　　(Tenho medo que cheguem tarde.)

③ 疑問・疑惑・不確実・否定などを表す動詞やpode ser que ..., poida que...などの表現

　　Non creo que volva.
　　　彼が帰ってくるとは思っていません．
　　(Não creio que volte.)

　　　　Poida que se perdan no camiño.
　　　　彼らは道に迷っているのかもしれない．
　　　　(Pode ser que se percam no caminho.)
　　　Hai poucas posibilidades de que teñan éxito.
　　　　彼らが成功する可能性はあまりない．
　　　　(Há poucas possibilidades de que tenham êxito.)
＊ⅰ) coidar「思う」, crer「思う，信じる」, pensar「考える」, probar「証明する」, declarar「表明する」, saber「知っている」, semellar「思える」, parecer「思われる」, supoñer「推測する」, などは否定語を伴うときや（否定の意味での）疑問文では，通常，接続法を要求する．

　　　Non penso que aquela muller sexa unha ladroa.
　　　　あの女が泥棒であるとは思いません．
　　　　(Não penso que aquela mulher seja uma ladrona.)
　　　Non sei que faga.
　　　　私はどうしてよいのか分かりません．
　　　　(Não sei o que fazer.)

ⅱ) dubidar(↔duvidar)「疑う」, negar(↔negar)「否定する」, sospeitar(↔suspeitar)「疑う」, などは接続法を要求する．

ⅲ) non é certo[seguro] que...(↔não é certo[seguro] que...)「確かではない」, non é evidente que...(↔não é evidente que...)「明らかではない」, non ter certeza de que...(↔não ter certeza que...)「確信が持てない」, non é verdade que...(↔não é verdade que...)「事実ではない」, なども接続法を要求する．

2) 主語になっている名詞節

主節が感情・意志・否定・疑惑などを示す内容の非人称的表現の場合には，その主語となる名詞節には接続法が用いられる．主動詞の時制は直説法の現在・未来である．

　　　É preciso que vaiamos ó médico.
　　　　私たちは医者に行く必要がある．
　　　　(É preciso irmos ao médico.)
　　　É (unha) pena que non veñan.

彼らが来ないなんて残念です.

(É pena que não venham.)

Cómpre que fagas esforzo.

君は努力する必要がある.

(Cumpre que você faça esforço.)

* ⅰ) é conveniente que...(↔é conveniente que...)「〜したほうがよい」, é difícil que...(↔é difícil que...)「〜するのは難しい」, é estraño que...(↔é estranho que...)「〜するのは奇妙である」, é fácil que...(↔é fácil que...)「〜するのは容易である」, fai falla que...(↔há mister que...)「〜する必要がある」, é mellor que...(↔é melhor que...)「〜したほうがよい」, é necesario que...(↔é necessário que...)「〜する必要がある」, é probable que...(↔é provável que...)「たぶん〜だろう」, é útil que...(↔é útil que...)「〜するのは有益である」, é xusto que...(↔é justo que...)「〜するのは正しい」, convén que...(↔convém que...)「〜したほうがよい」, importa que...(↔importa que...)「するのは重要である」, é lástima que...(↔é lástima que...)「残念である」, é mester que...(↔é mister que...)「必要がある」, é un milagre que...(↔é um milagre que...)「奇跡である」, などの表現が接続法とともに使われる.

ⅱ) ガリシア語では, parece que...の表現は直説法とでも接続法とでも使われるが, ポルトガル語では, 普通, 直説法になる.

Parece que volve.　彼は戻るらしい.

Parece que volva.

彼はどうも戻るようだ (不確実の程度が高い).

(2) 形容詞節

形容詞節の内容が不定の観念を含んでいるか, あるいは先行詞が不特定の漠然とした内容のものであるとき, 接続法が用いられる. 主動詞の時制は直説法の現在・未来である.

Quero comprar un coche que me guste.

私は気に入る車を買いたい.

(Quero comprar um carro ao meu gosto.)

Sempre hai quen bote unha man.

助けてくれる人がいつもいる．

　　（Sempre há quem dê uma mão.）

Coñezo moitos novelistas que escriban tan ben coma vostede.

　　あなたと同様にうまく書く小説家をたくさん知っています．

　　（Conheço muitos novelistas que escreverem tão bem como o senhor.）

Farei o que el me mande.

　　私は，彼が私に命じるようなことを（何でも）します．

　　（Farei o que ele me mande.）

Cf.Farei o que el me manda.

　　私は，彼の命じることをします．

　　（Farei o que ele me manda.）

*ⅰ）先行詞をとらない関係節は名詞節になるが，その場合も含めている．

　ⅱ）ポルトガル語では，主動詞が未来の行為・状態を示し，先行詞の数が限られていないときは接続法未来が，通常，用いられる．

(3) 副詞節

　主動詞の時制が直説法の現在・未来あるいは命令文の場合，次のような副詞節には接続法現在が使われる．

１）条件・譲歩を表す副詞節

　　Como non se porte ben, déalle leña.

　　　行いが良くないなら，彼を叱りなさい．

　　　（Se não se comporta bem, dê-lhe repreensão.）

　　Fagas isto ou aquilo, imos amolados.

　　　君があれこれしても，私たちはうんざりするでしょう．

　　　（Faças isto ou aquilo, ficamos chateados.）

　　Suceda o que suceda, eu non irei.

　　　何が起ころうとも，私は行きません．

　　　（Suceda o que suceder, eu não irei.）

*ⅰ）条件を示す接続詞(句)には，agás que...（↔exceto se...）「〜する

場合を除いて」, a menos que...(↔a menos que...), a nada que..., a non ser que...(↔ a não ser que...)「~するのでなければ」, cando...「~すると」(↔quando...), caso de que...(↔caso...)「~する場合は」, con que..., con tal (de) que...(↔ contanto que...)「~という条件で」, a pouco que...(↔por pouco que...)「どんなに~でなくても」, de non...(↔se não...)「~でなければ」, de non ser que...(↔a não ser que...)「~するのでなければ」, en caso de que... (↔ caso...)「~する場合は」, onda non...(↔ se não...)「~でなければ」, quitado que..., quitando que..., sacado que..., salvo que... (↔salvo se...)「~する場合を除いて」, sempre que...「~するならいつでも」, senón que...(↔senão que...)「~ではなくて」, などがある.

ii）両語とも，se および以下のような se を含む接続詞句とともに接続法現在が使われることはない.

a non ser se..., catar se..., de non ser se..., quitando se..., sacado se..., salvo se...「~する場合を除いて」, など.

iii）譲歩を示す接続詞(句)には，aínda[mesmo]que..., anque...(↔ainda que...), ben que...(↔bem que...), inda que..., máis que... (↔ ainda que...)「たとえ~しても」, a pesar de que..., pese a que...(↔ apesar de que...)「~にもかかわらず」, a pouco que... (↔por pouco que...)「どんなに~でなくても」, así...(↔embora...) 「たとえ~でも」, nen que...(↔ nem que...)「たとえ~でないにして」, onde queira que...(↔ onde quer que...)「どこであろうとも」, por ~ que...(↔por ~ que...)「たとえどんなに~でも」, por máis que..., malia que...(↔por mais que...)「どんなに~しようとも」, por moito que...(↔ por muito que...)「どんなに~しても」, por pouco que...(↔por pouco que...)「どんなに~でなくても」, quenquera...(↔quem quer que...)「誰であろうとも」, sequera....(↔bem que...)「たとえ~でも」, などがある.

2）目的・方法・様態・程度・場所を示す副詞節

Este viño é para que vostede beba.

このワインはあなたが飲むためのものです.

(Este vinho é para que o senhor beba.)

Faino como queiras.

君の好きなようにそれをしなさい．

(Faça isso como quiser.)

Podes ir a onde queiras.

君は行きたい所へ行ってもいいです．

(Pode ir aonde quiser.)

* ⅰ) 目的・方法・様態・程度・場所を示す接続詞(句)には次のようなものがある：目的—a que..., a fin de que...(↔a fim de que...), en favor de que...(↔em favor de que...), para[pra] que... (↔para que...), porque..., que...(↔que...)「～するように・するために」；方法・様態—(así) como...(↔assim como...), ben como...(↔bem como...)「～と同様に」, coma se..., como se...(↔como se...)「まるで～であるかのように」, conforme...(↔conforme...), consoante...(↔consoante), segundo...(↔segundo...)「～に従って」, de forma[maneira・modo・xeito] que...(↔de forma[maneira・modo・jeito] que...「～するように・するために」, sen que...(↔sem que...)「～することなく」, (tal) cal...(↔tal qual...), (tal) como...(↔tal como...), tal e como...(↔tal e qual...)「ちょうど～のように」；程度—tanto ～ que...(↔tanto ～ que...), tan ～ que...(↔tão ～ que...), tal ～ que...(↔tal ～ que...)「...するほど～」；場所—onde...(↔onde...)「するところに」, など．

ⅱ) de maneira[forma・modo・xeito] que..., tanto[tan・tal] ～ que...が結果や原因を示すときは，直説法が使われる．

3) 時を表す副詞節

Cando a vexas, podes falarlle todo o que queiras.

彼女に会ったとき，君は話したいことをすべて話してもいいです．

(Quando a vê[vir], você pode-lhe falar todo o que quiser.)

Vouno facer antes de que ti marches.

君が出発する前に私はそれをします．

(Vou fazer isso antes que você parta.)

Non volo conto ata que caledes.

君たちが話をやめるまで，私はそれを話しません．

(Não o conto para vocês até que se calem.)

＊ 時を表す接続詞(句)には他に以下のようなものがある：a nadia que...(↔apenas...)「〜するとすぐに」，ó pronto que...(↔no momento que...)「〜するとすぐに」，ó que..., axiña que..., de contado que...(↔em seguida que...)「〜するとすぐに」，a penas..., así que..., asomade...(↔tão pronto como..., assim que...)「〜するとすぐに」，cada (vez) que...(↔cada vez que...)「するたびに」，cando queira que...(↔quando quer que...)「望むときに」，da que..., despois (de) que...(↔depois que...)「〜した後で」，deica (que)...(↔até que...)「〜するまでに」，denantes que...(↔antes que...)「〜する前に」，dende que..., desde que..., de seguida que..., desque..., en canto..., logo que..., mal...(↔logo que...)「〜するとすぐに」，domentes..., en tanto..., entramentras..., entrementes..., entre tanto..., mentres tanto...(↔entretanto que...)「〜する間に」，sempre que...(↔sempre que...)「〜する時はいつも」，など．

(4) 主節あるいは独立節

命令文以外に，接続法が主節に使われるのは次のような場合である．

1) 疑惑文

Quizais veña. おそらく彼は来るでしょう．

(Quiçá venha.)

Tal vez eles lembren a nosa promesa.

たぶん彼らは我々の約束を覚えているでしょう．

(Talvez eles lembrem a nossa promessa.)

Igual moian hoxe no moíño.

たぶん彼らは，今日，製粉所で粉を挽くでしょう．

(Possivelmente moiam hoje no moinho.)

＊ この場合，動詞は直説法形で使われることもある．

2) 祈願文

形としては，命令文のように接続法が主節に使われたり，「que＋接

続法」になったり，oxalá (que)・tomara queになったりする．

¡Que non chova! 雨が降りませんように！
(Que não chova!)

¡Sexa o que Deus queira! うまくいきますように！
(Seja o que Deus quiser!)

¡Oxalá volvan vivos! 彼らが生還しますように！
(Oxalá voltem vivos!)

¡Deus nos ampare! 神様，私たちを守ってください！
(Deus nos proteja!)

47　接続法過去

(1) 活用

ガリシア語

	fal-**ar**	
	単数	複数
1人称	fal-**ase**	fal-**asemos**
2人称	fal-**ases**	fal-**asedes**
3人称	fal-**ase**	fal-**asen**

	bat-**er**	
	単数	複数
1人称	bat-**ese**	bat-**esemos**
2人称	bat-**eses**	bat-**esedes**
3人称	bat-**ese**	bat-**esen**

	part-**ir**	
	単数	複数
1人称	part-**ise**	part-**isemos**
2人称	part-**ises**	part-**isedes**
3人称	part-**ise**	part-**isen**

ポルトガル語

	fal-**ar**	
	単数	複数
1人称	fal-**asse**	fal-**ássemos**
2人称	fal-**asses**	fal-**ásseis**
3人称	fal-**asse**	fal-**assem**

	bat-**er**	
	単数	複数
1人称	bat-**esse**	bat-**êssemos**
2人称	bat-**esses**	bat-**êsseis**
3人称	bat-**esse**	bat-**essem**

	part-**ir**	
	単数	複数
1人称	part-**isse**	part-**íssemos**
2人称	part-**isses**	part-**ísseis**
3人称	part-**isse**	part-**issem**

＊　いずれの動詞の接続法不完全過去の活用も，直説法完全過去の3人称複数形の語尾から-ron(↔-ram)をとり, -se, -ses, -se, -semos, -sedes, -sen(-sse, -sses, -sse, -ssemos, -sseis, -ssem)を付け加えればできる．ただし，両語の，1人称・2人称の複数形のアクセントの位置の違いに注意すること．

　その他の動詞の活用例：

　ser・ir　：fose, foses, fose, fosemos, fosedes, fosen
　　　　　　　(fosse, fosses, fosse, fôssemos, fôsseis, fossem)
　estar　　：estivese, estiveses, estivese, estivesemos,
　　　　　　　estivesedes, estivesen
　　　　　　　(estivesse, estivesses, estivesse, estivéssemos,
　　　　　　　estivésseis, estivessem)
　poder　　：puidese, puideses, puidese, puidesemos,
　　　　　　　puidesedes, puidesen
　　　　　　　(pudesse, pudesses, pudesse, pudéssemos, pudésseis, pudessem)
　ter　　　：tivese, tiveses, tivese, tivesemos, tivesedes, tivesen
　　　　　　　(tivesse, tivesses, tivesse, tivéssemos, tivésseis, tivessem)

(2) **用法**

　接続法過去の用法は原則的には接続法現在と同じであるが，ただ時が現在から過去に移るにすぎない．しかし，現在では，既に見た直説法過去完了がこの時制の代わりに，広く用いられているが，逆はないことに注意しなければならない．また，ガリシア語では，ポルトガル語の接続法不完全過去と接続法完全過去（ter[haver]の接続法現在＋過去分詞），接続法過去完了（ter[haver]＋接続法不完全過去＋過去分詞）に相当する時制は，通常，接続法過去であると言える．

　1）主動詞が直説法のいずれかの過去（完全過去，不完全過去，過去完了）の場合

　　①　その動詞の動作よりもよりも前の動作を示す．

　　　Eu non sabía que acabases[acabaras] o xantar.
　　　　私は君が昼食を終えていたことを知らなかった．

(Eu não sabia que você tivesse acabado o almoço.)

Non tiña nin idea de que chagases [chegaras] de París.

君がパリから着いていたとは少しも知らなかった．

(Não tinha a menor idéia de que você tinha chegado.)

Pareceulle de mala educación que el falase [falara] coa boca chea.

彼が口に物を一杯にしたまま話したことは彼には無作法に思われた．

(Pareceu-lhe má educação que ele tinha falado com a boca cheia.)

* これは，ポルトガル語の接続法過去完了に対応する用法であるが，ガリシア語ではhoubese[houbera] cantadoなどのような複合形は見られない．

② その動詞の動作と同時かまたは先[未来]の事柄を表す．

Non se podía dicir que pasasen moi mal.

彼らが生活にとても困っているとは言えなかった．

(Não se podia dizer que passassem muito mal.)

Aconselláronme que vise aquela película.

あの映画を見るようにと薦められた．

(Aconselharam-me a que visse aquele filme.)

Non había quen quisexe ir.

行きたがる人はいなかった．

(Não havia quem quisesse ir.)

Díxome en ton imperante que cumprise [cumprira] o regulamento.

彼は私に規則に従うようにと強い口調で言った．

(Disse-me em tom imperativo que cumprisse o regulamento.)

Acabou de xantar cando nós empezasemos[empezaramos] co postre.

私たちがデザートを食べようとしたとき，彼は昼食を終えた．

(Acabou de almoçar quando nós começamos a sobremesa.)
＊ⅰ) この場合は，ポルトガル語における接続法不完全過去の用法に一致している．
　 ⅱ)「～como[coma] se＋接続法過去」(↔「～como se＋接続法不完全過去[接続法過去完了]」)で，現在あるいは過去の事実に反する比喩を表す．
　　　Cando che pregunte, fai como se non pasases[pasaras] por aquí desde o ano pasado.
　　　　彼が君に尋ねたら，去年からここに立ち寄ってないかのようにしなさい．
　　　(Quando te perguntar, faz como se não passases por aqui desde o ano passado.)
　 ⅱ) 主動詞が直説法過去未来[不完全過去]のとき，現在あるいは過去の事実に反する仮定を表す(→49仮定文)．あるいは婉曲な表現となることもある．
　　　Se disparase a pistola, agora mesmo te mataría.
　　　　ピストルを撃てば，今直ちにお前を殺せるんだが．
　　　(Se disparasse a pistola, agora mesmo te mataria.)
2) 主動詞が現在あるいは未来時制で，従属節で過去の完了した動作・状態を表す．
　　Non é seguro que chegasen onte.
　　　彼らが昨日到着したことは確かではありません．
　　(Não é certo que tenham chegado ontem.)
　　Non me importa o que fixese antes de hoxe.
　　　今日より以前に彼がしたことは私には問題ではない．
　　(Não me importa o que tenha feito antes de hoje.)
　　É a primeira vez que oio que acontecese tal cousa.
　　　そんなことが起こったと聞くのは初めてです．
　　(É a primera vez que ouço que tenha acontecido tal cosa.)
＊ⅰ) この場合はポルトガル語の接続法完全過去に対応している．ガリシ

ア語でも，動作の完了を強調するために，動詞迂言句：「terの接続法現在＋過去分詞」の形が用いられることもある．

 Cando eu volva, espero que xa se teña ido o home ese.
  私が戻ったとき，その男が立ち去ってしまっていることを私は期待しています．
  (Quando eu voltar, espero que esse homem já se tenha ido embora.)

ⅱ）主節で，願望や叱責を表す．この場合は直説法過去完了の形が好まれる（→42直説法過去完了）．

48　接続法未来

(1) 活用

	ガリシア語		ポルトガル語	
	\multicolumn{2}{c|}{fal-**ar**}	\multicolumn{2}{c}{fal-**ar**}

	fal-**ar** ||| fal-**ar**		
	単数	複数	単数	複数
1人称	fal-**ar**	fal-**armos**	fal-**ar**	fal-**armos**
2人称	fal-**ares**	fal-**ardes**	fal-**ares**	fal-**ardes**
3人称	fal-**ar**	fal-**aren**	fal-**ar**	fal-**arem**

	bat-**er** ||| bat-**er**		
	単数	複数	単数	複数
1人称	bat-**er**	bat-**ermos**	bat-**er**	bat-**ermos**
2人称	bat-**eres**	bat-**erdes**	bat-**eres**	bat-**erdes**
3人称	bat-**er**	bat-**eren**	bat-**er**	bat-**erem**

	part-**ir** ||| part-**ir**		
	単数	複数	単数	複数
1人称	part-**ir**	part-**irmos**	part-**ir**	part-**irmos**
2人称	part-**ires**	part-**irdes**	part-**ires**	part-**irdes**
3人称	part-**ir**	part-**iren**	part-**ir**	part-**irem**

 ＊　すべての動詞について例外なく，直説法完全過去の3人称複数形から

最後の-on(ポルトガル語は-am)を取ったものを原形として人称不定詞と同じ活用をさせればよい．それゆえ，直説法完全過去で規則変化をする動詞の接続法未来の活用は人称不定詞の活用とまったく同じになる．

その他の動詞の活用例：

ser・ir : for, fores, for, formos, fordes, foren
(ser・ir : for, fores, for, formos, fordes, forem)

estar : estiver, estiveres, estiver, estivermos, estiverdes, estiveren
(estar : estiver, estiveres, estiver, estivermos, estiverdes, estiverem)

poñer・pór : puxer, puxeres, puxer, puxermos, puxerdes, puxeren
(pôr : puser, puseres, puser, pusermos, puserdes, puserem)

ter : tiver, tiveres, tiver, tivermos, tiverdes, tiveren
(ter : tiver, tiveres, tiver, tivermos, tiverdes, tiverem)

haber : houber, houberes, houber, houbermos, houberdes, houberen
(haver : houver, houveres, houver, houvermos, houverdes, houverem)

ver : vir, vires, vir, virmos, virdes, viren
(ver : vir, vires, vir, virmos, virdes, virem)

vir : viñer, viñeres, viñer, viñermos, viñerdes, viñeren
(vir : vier, vieres, vier, viermos, vierdes, vierem)

(2) 用法

この時制はかつては広く用いられていたが，現代のガリシア語ではほとんど使用されることはなく，主として文語として限定された状況，例えば，文学や法律文，諺などの中に用いられる，あるいは残存しているにすぎない．現在では接続法の現在形に取って代わられている．この点，ポルトガル語では比較的頻繁に用いられているのと対照的である．

以下の例のように未来に関する時を示す副詞節，譲歩を示す副詞節，様態を示す副詞節，未来に関する単なる仮定を表す副詞節，関係代名詞・関係副詞によって導かれる節に使われる．

Cando falares de alguén, mira de quen e a quen.

誰かについて話すときには，誰についてか，と誰に対してかを確かめよ．

(Quando falares de alguém, confirma de quem e a quem.)

Cando o sol parar de andar e o mar non tiver auga, heime de ti apartar.

太陽が動くのを止め，海に水が無くなったとき，私は君と別れましょう．

(Quando o sol parar de andar e o mar não tiver água, vou-me separar de você.)

Sexa como for, quéroche da-las gracias.

いずれにしても，私は君に感謝をしたい．

(Seja como for, quero-te dar graças.)

¡Adeus! ¡Ata que Deus quixer!

さようなら！ いずれまた！

(Adeus! Até Deus quiser!)

Se alguén por min preguntar, dille que estou en prisións.

誰かが私のことを尋ねたら，私は刑務所に入っていると言ってくれ．

(Se alguém perguntar por mim, diz-lhe que estou em prisão.)

49 仮定文

(1) **現実的な仮定文**：未来に関する単なる仮定

　　　ガリシア語

［条件節］　　　　　　　　　　　　　［帰結節］

se＋直説法現在［接続法未来］	直説法未来［直説法現在・命令文］

　　　ポルトガル語

［条件節］　　　　　　　　　　　　　［帰結節］

se＋接続法未来［直説法現在］	直説法未来［直説法現在・命令文］

Se mañá fai bo día, iremos á praia.
　明日天気が良かったら，私たちは海岸に行くでしょう．
　(Se amanhã faz bom tempo, iremos à praia.)
Se hai algún voluntario, que dea un paso á frente.
　志願者がいるなら，一歩前に出てください．
　(Se há algum voluntário, dê um passo à frente.)
Se o próximo inverno fixer frío, aumentará o consumo de derivados do petróleo.
　次の冬が寒かったら，石油製品の消費が増えるだろう．
　(Se o próximo inverno fizer frio, o consumo de derivados do petróleo aumentará.)

* ⅰ) この場合，ガリシア語で条件節に接続法未来を使うのは比較的最近の用法である．
　ⅱ) 両語とも，条件節には直説法未来と接続法現在を用いることはない．

(2) **非現実的な仮定文**：現在の事実（あるいは確定的な未来の事柄）に反する仮定・過去の事実に反する仮定

ガリシア語	
[条件節]	[帰結節]
se＋接続法過去[直説法過去完了]	直説法過去未来[直説法不完全過去]

ポルトガル語	
[条件節]	[帰結節]
se＋接続法不完全過去	直説法過去未来[直説法不完全過去]
se＋接続法過去完了	直説法過去未来完了

Se tivese[tivera] cartos no peto, agora mesmo chos empretaría[emprestaba].
　もしポケットにお金をもっていれば，今すぐに君に貸してあげるのだが．
　(Se tivesse dinheiro no bolso, agora mesmo te empretaria

[emprestava].)

Se pasase vostede este atallo, nunca chegaría tarde.

　　もしあなたがこの近道を通るならば，決して遅刻しないでしょう．

　　(Se o senhor passasse este atalho, nunca chegaria tarde.)

Se non a obrigaran a casar, non ocorrerían aquelas cousas.

　　もし彼女に結婚することを強制しなかったならば，あんなことは起こらなかったであろう．

　　(Se não a tivesse obrigado a casar, aquelas coisas não teriam ocorrido.)

Se estiveras aquí non me pasaba[pasaría] isto.

　　もし君がここにいたならば，こんなことは私に起こらなかったでしょう．

　　(Se você tivesse estado aqui, isto não me teria sucedido.)

＊　ガリシア語では，現在の事実に反する仮定であるか，過去の事実に反する仮定であるかは状況によって決まるが，ポルトガル語には過去の事実に反する仮想を示す形が存在する．もっとも，ポルトガル語においても，状況によっては，通常，現在の事実に反する仮定を示す形式で過去の事実に反する仮定を表現することがある．

50　副詞（句）①

　副詞には，形態的に，形容詞とは異なっているもの：ben(↔bem)「上手に」，mal(↔mal)「下手に」，などやalto(↔alto)「高く，大声で」，baixo(↔baixo)「低く，低い声で」，forte(↔forte)「強く」，lixeiro(↔ligeiro)「敏捷に」，lento(↔lento)「ゆっくりと」，などのように性質形容詞と同形で副詞として用いられるものもある．また，ポルトガル語と同様に，形容詞の語尾(男女の区別のある場合は女性形の語尾)に接尾辞"-mente"を付加して作られるものもある．

(1)　場所の副詞(句)

　1)　場所の副詞

　　abaixo(↔abaixo)「下へ，下方に」, acá(↔cá)「ここへ」, acima(↔acima)「上へ，上方に」, acó(↔cá)「こちらに」, acolá(↔acolá)

— 194 —

「向こうに(へ)」, adiante(↔adiante)「前に」, aí・eí(↔aí)「そこに」, alá(↔lá)「あちらへ」, alén(↔além)「向こうに」, algures(↔algures)「どこかに」, alí・ailí・elí(↔ali)「あそこに」, allur(↔alhures)「ほかの場所に」, aló(↔lá)「あそこに」, aquén(↔aquém)「こちら側に」, aquí・aiquí・eiquí(↔aqui)「ここに」, arredor(↔arredor)「周囲に」, arriba(↔arriba)「上方に」, atrás(↔atrás)「後ろに」, avante(↔avante)「前に」, cerca(↔perto)「近くに」, debaixo(↔debaixo)「下に」, dediante(↔adiante)「前に」, dentro(↔dentro)「中に」, derredor(↔derredor)「周囲に」, derriba(↔arriba)「上に」, despois(↔depois)「その後で」, detrás(↔detrás)「後ろに」, diante(↔diante)「前に」, ei・eis(↔eis)「ここに〜がある」, embaixo(↔embaixo)「下に」, encima(↔encima)「上に」, enfrente(↔em frente)「前に」, enriba(↔em riba)「上に」, fóra(↔fora)「外に」, lonxe(↔longe)「遠くに」, ningures(↔em nenhuma parte)「どこにも〜ない」, porriba(↔por encima)「上のほうに」, preto・perto(↔perto)「近くに」, ¿u?・¿onde?(↔cadê?・onde?)「どこに」, velaí(↔eis)「そこに〜がある」, velaquí(↔eis)「ここに〜がある」, xalundes(↔em algum lugar)「どこかに」, など.

* i) aquí「ここに」, aí「そこに」, alí「あそこに」は, それぞれ, 1人称, 2人称, 3人称の人の近くに, の意味で, 状態を表す動詞と共に, ある人[物]の在り場所・状態を表すが, acó, aló は, それぞれ, 「話し手の方へ」,「話し手の所からむこうへ」と移っていく動作を示す動詞と共に使われる. acá, alá, は一般的に, あるいは漠然と「こちらに」,「あそこに」, acolá は対照的に「向こうへ(に), あちらに」の意味を示す. つまり, alá に対して acolá の方が「より遠くに」を必ずしも意味せず, 単に「また他のところに」くらいの意味になることもある.

 Ven acó. こちらに来い.
  (Vem cá.)
 Vai aló. むこうへ行け.
  (vai lá.)

Alá non hai tanta froita coma acá.
あそこにはこちらほど沢山の果物がありません．
(Lá não há tanta fruta como aqui.)
Alí está o río e acolá, a miña casa.
あそこに川があり，あちらに私の家があります．
(Ali está o rio e acolá, a minha casa.)

ii) 疑問副詞 "u" は後に定冠詞を伴った名詞か，あるいは3人称の直接目的格代名詞と共にのみ使われる．

¿U-lo meu sombreiro?　私の帽子はどこにある？
(Cadê o meu chapéu?)
Tráeme a chaqueta, ¿e ula?
ジャケットを持ってきてちょうだい．どこにあるの？
(Me traz a jaqueta, onde está ela?)

iii) 断言あるいは感嘆の副詞の働きをする，velaquí, velaíに，直接，相当する形はポルトガル語にはない．その成り立ちは，「ves+lo・la →velo・vela」に場所の副詞 "aquí・aí・alí" が結合したものである．

Velaquí está o libro que buscaba.
ここに探していた本がある．
(Aqui está o livro que buscava.)
Velaí ven Xoán.
そこにショアンがやってきているよ．
(Aí vem Xoán.)

2) 場所の副詞句

á beira(↔à beira)「縁に」, a carón(↔ao lado)「そばに」, a contramán(↔a contramão)「進行方向と反対に」, a rente(s)(↔rente)「接近して」, ô lado(↔ao lado)「そばに」, ô pé(↔ao pé)「近くに，足元に」, ô redor(↔ao redor)「周囲に」

(2) 時の副詞(句)

1) 時の副詞

agora(↔agora)「今」, aínda・inda・iña(↔ainda)「なお，まだ」, amiúde(↔amiúde)「しばしば」, antano(↔antanho)「昨年，以前」, antes(↔antes)「前に」, antonte(↔anteontem)「一

昨日」, arestora(↔agora)「今」, atrás(↔atrás)「後で」, axiña(↔em seguida)「すぐに」, cando(↔quando)「～するとき」, cedo(↔cedo)「早く」, daquela(↔então)「その時」, decote・decotio(↔diariamente)「日々」, denantes・dinantes・dantes(↔dantes)「以前に」, despois・dispois・dempois・dimpois(↔depois)「その後で」, detrás(↔detrás)「後に」, diante(↔diante)「前に」, endexamais・enxamais(↔jamais)「かつて～でない」, entón・destoncias・estoncias・estonces(↔então)「その時」, entrementres・entramentres(↔entrementes)「その間」, hogano(↔este ano)「今年は」, hoxe(↔hoje)「きょう」, logo(↔logo)「すぐに，後で，その時」, mañá(↔amanhã)「あした」, mentres・mentras・namentres・namentras・domente(↔entrementes)「その間」, nantronte・noutronte・outronte(↔anteontem)「一昨日」, noutrora(↔noutrora)「昔」, nunca(↔nunca)「かつて～でない」, onte(↔ontem)「昨日」, outrora(↔outrora)「昔」, pasadomañá(↔depois de amanhã)「明後日」, preto(↔perto)「近いうちに」, seguido(↔seguido)「絶え間無く」, sempre(↔sempre)「つねに」, tarde(↔tarde)「遅く」, trasantonte(↔trasanteontem)「3日前に」, xa(↔já)「すでに」, xacando(↔outrora)「かつて」, xamais(↔jamais)「かつて～でない」, など．

* ⅰ)「一昨日」を意味する "antonte" には nantronte・noutronte・antronte・antontes・antointe・antoite など異形が多くある．また，「一昨日の前の日」の意味の "trasantonte" の代わりに, antes de antonte や o outro antonte という副詞句がしばしば使われる．

ⅱ) "despois" は dispois という異形も見られる．まれに dempois・depós・despous・dispous の形も存在するが，ポルトガル語と同じ depois は古形としては存在するのみである．

ⅲ) aínda・inda の異形としては eínda もある．

2) 時の副詞句

a cada canto(↔ frequentemente)「しばしば」, a cada pouco

(↔pouco a pouco)「少しずつ」, a cotío(↔diariamente)「毎日」, a deshora(↔inoportunamente)「時ならぬ時に」, a destempo(↔inoportunamente)「時機を逸して」, a diario(↔diariamente)「毎日」, a miúdo(↔frequentemente)「しばしば」, antes de antonte(↔trasanteontem)「三日前に」, a reo「ひっきりなしに」, ás veces(↔às vezes)「時々」, a tempo(↔a tempo)「折よく, 間に合って」, a tergo(↔oportunamente)「時宜を得て」, coa mesma(↔imediatamente depois)「すぐ後に」, de alí a pouco(↔dali a pouco)「それからすぐに」, de aquí a pouco(↔daqui a pouco)「すぐに」, de camiño(↔em seguida)「すぐに」, de cando en vez(↔de quando em quando)「時折」, de contado(↔num momento)「たちまち」, de contino(↔continuamente)「連続して」, de cotío(↔diariamente)「毎日」, deica pouco(↔imediatamente)「すぐに」, deica un pouco(↔daqui a pouco)「少し後に」, de mañá(↔de manhã)「朝に」, de momento(↔por enquanto)「今のところ」, de raro en raro(↔raramente)「まれに」, de seguida[seguido](↔continuamente)「連続して」, de tempo en tempo(↔de vez em quando)「時々」, de vez en cando(↔de vez em quando)「時折」, en diante(↔em diante)「今後, 将来」, endouro día(↔noutro dia)「先日」, en seguida(↔em seguida)「すぐに」, entre lusco e fusco(↔entre lusco e fusco)「たそがれに」, hoxe en día(↔hoje em dia)「こんにち」, nunca máis(↔nunca mais)「二度と〜ない」, ó cabo(↔ao cabo)「最後に」, o outro antonte(↔trasanteontem)「三日前に」, ó outro día(↔noutro dia)「先日」, o outro onte(↔anteontem)「一昨日」, ó raro(↔raramente)「まれに」, ó(s) pouco(s)(↔pouco a pouco)「少しずつ, ゆっくりと」, por en canto(↔por enquanto)「目下, 当分」, por veces(↔por vezes)「時々」, pouco a[e] pouco(↔pouco a pouco)「少しずつ, ゆっくりと」, など.

(3) **量と程度の副詞(句)**

1) 量と程度の副詞

abondo・dabondo(↔bastante)「かなり」, aínda(↔ainda)「～さえ, ～すら」, algo(↔ algo)「多少」, aván(↔ de sobra)「余分に」, bastante(↔bastante)「かなり」, ben(↔bem)「十分に」, canto(↔quanto)「～すればするほど」, case(↔quase)「ほとんど」, demáis・demasiado・desmasiado(↔ demais)「過度に」, logo(↔ quase)「ほとんど」, máis(↔ mais)「より多く」, malamente(↔mal)「ひどく」, medio(↔meio)「半ば, 少し」, menos(↔menos)「より少なく」, mesmamente(↔justamente)「まさに」, mesmo(↔mesmo)「まさしく」, moi・mui(↔mui)「とても」, moito・muito・muto(↔muito)「非常に」, namais(↔ nada mais)「ただそれだけ」, pouco(↔ pouco)「ほとんど～ない」, só(↔ só)「～のみに, ～だけ」, soamente・soiamente(↔ somente)「～だけ」, talmente(↔tal)「それほど」, tan(↔tão)「それほど」, tanto(↔tanto)「それほど」, xiquera・siquera・sequer(↔ sequer)「少なくとも」, xusto(↔ justamente)「まさしく」, など.

* i) case「ほとんど」は次のように多くの異形を持つ: casemente・caseque・cáseque・casque・caxe・cáxeque・cuase また, case は称賛・感嘆・皮肉のニュアンスを表すことがある.

    ¡Case tardan os rapaces!
     なんて少年達は遅いのだ!
    (Como demoram os meninos!)
    ¡Case compriches a palabra!
     君はなんときちんと約束を守ったことか!
    (Você cumpriu bem a sua palavra!)

ii) máisは "e máis[a máis]" の形で, 接続詞 "e" の意味を補強したり, 反意の接続詞句などを作る.

    o miñato e máis a pomba
     トビとそしてハト
    (o milhano e mais o pombo)
    Semella bo, e máis non o é.

よさそうに思われるが，実はそうではない．
(Parece bom, mas não o é.)

iii) xiqueira（とその異形）が "nen xiqueira"（↔ nem sequer）「少しも～ない」という意味によく使われる．

2) 量と程度の副詞句

a medias(↔ incompletamente)「中途半端に」, a penas(↔ apenas)「かろうじて」, de abondo(↔ em abundância)「豊富に」, de máis(↔de mais)「過度に」, de menos(↔de menos)「不足して」, de sobra(↔de sobra)「余分に」, de todo(↔de todo)「すっかり」, pola vella(↔ de sobra)「余分に，十分に」, por aí(↔por aí)「およそ」，など．

51 副詞（句）②

(4) 肯定と否定の副詞（句）

1) 肯定の副詞（句）

abofé[afellas・abofellas](↔à minha fé)「はい，誓って，私の名誉にかけて」, asieu(↔ Dou a minha palavra.)「はい，誓って」, así mesmo(↔assim mesmo)「まさにその通り」, canté(↔ justamente)「まさに」, certamente(↔ certamente)「確かに」, certo(↔ certo)「確かに」, claro(↔ claro)「もちろん，明らかに」, de certo(↔de certo)「確かに」, de verdade(↔de verdade)「本当に」, efectivamente(↔ efetivamente)「その通り」, en efecto(↔de efeito)「本当に」, iso mesmo(↔isso mesmo)「まさにその通り」, outrosí(↔outrossim)「もまた」, seguramente(↔seguramente)「確かに」, seguro que si(↔seguro que sim)「確かにそうです」, si(↔sim)「はい」, si ho・si por certo(↔sim por certo)「確かにそうです」, tamén(↔ também)「もまた」, xaora que si(↔claro que sim)「もちろんそうです」，など．

＊i) ポルトガル語と同様に，ガリシア語でも，肯定の返答をするときに，問いに使われた動詞を繰り返すことが多い．

¿Fuches á praia? - Fun.

— 200 —

君は海岸に行きましたか？　行きました．

(Você foi à praia?　Fui.)

ii) 肯定文の強調に，si あるいは si que 〜，abofé que 〜が付け加えられることがある．

A min si que me gustan as películas de terror.

私はホラー映画が大好きです．

(Eu é que gosto muito dos filmes de terror.)

iii) ¿E logo?(↔Então?) は肯定の副詞として使われることもあるし，人の言動に対する理由や原因を尋ねる表現であることもある．

Vas moi elegante hoxe. − ¿E logo?

君は，今日，とてもエレガントだよ．もちろんよ．

(Você está muito elegante hoje. − Claro que sim.)

Onte rifei con Xoán. − ¿E logo?

きのう，私はショアンと喧嘩したよ．どうして？

(Ontem briguei com Xoán. − Porquê?)

2) 否定の副詞(句)

ca(↔de maneira nenhuma)「決して〜でない」, de ningunha maneira(↔de maneira nenhuma)「決して〜でない」, diso nada (↔nada disso)「決してそうではない」, en absoluto(↔em absoluto)「決して〜でない」, non(↔não)「〜でない」, non por certo (↔não por certo)「確かに〜でない」, non xa(↔já não)「もはや〜ない」, nin(↔nem)「〜ない，さえ〜ない」, nin chisco[gota・migalla](↔nem migalha)「少しも〜ない」, nin sequera(↔nem sequer)「少しも〜ない」, nunca(↔nunca)「決して〜ない」, nunca na vida(↔nunca na vida)「決して〜ない」, sequera(↔sequer)「すら〜ない」, tampouco(↔tampouco)「もまた〜ない」, xamais (↔jamais)「決して〜でもない」, など．

＊i)"non" は母音の前では"no" の形になることがある．

ii) 文末に，¿non si?, ¿non?, ¿non é?を付加して，念を押す気持ちを表す．

Marchades hoxe, ¿non si?

君たちはきょう出発するんだよね？

Ti quérelo, ¿non?　君はそれが欲しいんだね．

iii) "tampouco"は"non"の意味を強める.
   Meu irmán non sabe nadar, e eu tampouco.
   私の兄は泳げないし,私もまた泳げない.
   (Meu irmão não sabe nadar, e eu tampouco.)
   Eu tampouco non fun ó cine.
   私もまた映画に行かなかった.
   (Eu também não fui ao cinema.)
iv) "ie máis si!"と"ie máis non!"が,それぞれ,驚きを込めた肯定と否定を表す.同じ意味の表現に,"e máis ben"「まさにその通り」,"e máis inda máis"「そして〜もまた」などもある.

(5) 疑惑の副詞(句)

acaso(↔por acaso)「おそらく,たぶん」, disque(↔parece que)「たぶん〜だろう」, ¿ho?(↔não é assim?)「そうじゃない?,まさか,まあ」, igual(↔talvez)「おそらく」, ó mellor(↔quiçá)「おそらく,たぶん」, o mesmo(↔quiçá)「きっと,たぶん」, polo visto(↔parece que)「たぶん〜だろう」, quizais・quezais・quizá(s)・quizaves・quizabes・cicais・cecais(↔quiçá)「おそらく,たぶん」, se cadra(↔talvez)「おそらく」, se callar(↔talvez)「おそらく」, seica・seique(↔parece que)「たぶん〜だろう」, tal vez(↔talvez)「おそらく,たぶん」,など.

* i) quizais, acaso, tal vezは習慣的に接続法とともに使われる.
   Quizais fose unha muller quen o fixo.
   それを作ったのはおそらく女であっただろう.
   (Talvez fosse uma mulher que o fez.)
   Tal vez vaia mañá ó cine.
   たぶん明日映画に行くでしょう.
   (Talvez vá amanhã ao cinema.)
ii) 疑問を表す疑惑の副詞ho・home・hom・hou(←homeの呼びかけの形)は疑問文の末尾に置かれ,通常,男性に対して用いられる.

(6) 順序の副詞(句)

primeiro(↔ primeiro)「第一に」, segundo(↔ segundo)「第二に」, terceiro(↔ terceiro)「第三に」, ……, en primeiro lugar

(↔em primero lugar)「第一に」, en segundo lugar(↔em segundo lugar)「第二に」, en terceiro lugar(↔em terceiro lugar)「第三に」, ……, á fin(↔afinal)「最後に」, a final(afinal)「最後に」, consecutivamente(↔consecutivamente)「連続的に」, derradeiramente(↔derradeiramente)「最後に」, finalmente(↔finalmente)「最後に」, sucesivamente(↔sucessivamente)「連続して」, ultimamente(↔ultimamente)「最後に」, など.

* 順序を示す副詞には primeiramente・segundamente・terceiramente…の形もあるが,それらは多少おおげさなあるいはふざけたニュアンスを持っている.

(7) 様態の副詞(句)

1) 様態の副詞

asemade(↔simultaneamente)「一度に,同時に」, así(↔assim)「このように」, ben(↔bem)「よく,うまく」, engorde(↔lentamente)「ゆっくりと」, gratis(↔grátis)「無料で」, inclusive(↔inclusive)「含めて」, mal(↔mal)「まずく,下手に」, mellor(↔melhor)「よりよく」, paseniño・paseniñamente(↔pouco a pouco)「徐々に」, peor(↔pior)「よりまずく」, seguido(↔continuamente)「連続して」, など.

* ⅰ) asemade[asomade・asomante・asomantes]は,本来,「同時に」の意味から「同様に・等しく・さらに・もまた」の意味まで拡大して使われる.また,「〜と同時に」・「〜するとすぐに」の意の接続詞としても使われる.

 ⅱ) benに関して,

 a) benは,本来,様態を示すが,量・程度を示すこともある.また,「かなりの,多くの」の意味の数量・程度を示す形容詞(ただし不変化で)や副詞としても使われる.

 Divirtiuse ben. 彼は大いに楽しんだ.
  (Divertiu-se bem.)
 É ben boa. 彼女はとても素敵だ.
  (É muito boa.)

　　　　　Ten ben anos.　彼はかなりの年をとっている．
　　　　　（Tem bastantes anos.）
　　b) ben delas[deles]・ben disoの形で，「彼女ら[彼ら]の多く・その多く」を意味する部分を表す代名詞の働きをすることがある．この場合，ben は一種の中性の集合名詞の働きをしている．
　　　　Ben delas viñeron.　彼女たちの多くの者が来た．
　　　　（Vieram muitas delas.）
　　　Se queres un pito, teño aquí ben deles.
　　　　君が煙草が欲しいなら，ここにかなりの数の煙草を私は持っています．
　　　　（Se queres um cigarro, tenho aqui um bom número deles.）

2）様態の副詞句

a carranchapernas(↔com as pernas abertas)「脚を広げて」, a[ás] dereitas(↔às direitas)「正しく」, a eito(↔em abundáncia)「豊富に」, a escape(↔com toda pressa)「大急ぎで」, a esgalla(↔em abundância)「豊富に」, a feito(↔conforme a ordem)「順番通りに」, a fío(↔a fio)「連続して」, á forza(↔à força)「無理に」, á mantenta(↔de propósito)「故意に」, a modo(↔lentamente)「ゆっくりと」, a[de] propósito(↔de propósito)「故意に」, á presa(↔à pressa)「急いで」, a rastro(↔a rasto)「這って」, a reo(↔continuamente)「連続して」, ás agachadas(↔às escondidas)「こっそりと」, ás apalpadas(↔às apalpadelas)「手探りで」, ás carreiras(↔depressa)「急いで」, ás costas(↔nas costas)「背負って」, ás escuras(↔às escuras)「こっそりと」, ás presas(↔à pressa)「急いで」, á(s) toa(s)（↔à toa)「何の考えもなく」, a treu(↔à toa)「何の考えもなく」, con vagar(↔devagar)「ゆっくりと」, de[en] balde(↔em vão)「無駄に」, de contado(↔rapidamente)「速く」, de face(↔de face)「正面から」, de golpe(↔de golpe)「突然」, de grado(↔de grado)「喜んで」, de repente(↔de repente)「突然」, de seguido(↔seguido)「続けて」, de socato(↔

— 204 —

subitamente)「突然」, de sotaque(↔subitamente)「突然」, de súpeto(↔de repente)「突然」, de vagar(↔devagar)「ゆっくりと」, do revés(↔ao revés)「逆に」, ó cabo(↔ao cabo)「最後に」, ó chou(↔por acaso)「偶然に」, ós[aos] poucos(↔pouco a pouco)「少しずつ」, など.

付　　録

1　注意すべきガリシア語－ポルトガル語対照語彙

[ガリシア語]　　　　　　　[ポルトガル語]

abondo[bastante]	bastante	「かなり；十分な」
almorzo	café da manhã [pequeno almoço]	「朝食」
ameixa	concha	「貝」
amorodo	morango	「イチゴ」
atopar	encontrar	「会う」
auga	água	「水」
autobús	ônibus[autocarro]	「バス」
avó	avô	「祖父」
avoa	avó	「祖母」
azucre	açúcar	「砂糖」
barrio	bairro	「地区」
bicar[beixar]	beijar	「キスをする」
bisavô	bisavô	「曾祖父」
bisavoa	bisavó	「曾祖母」
bolígrafo	caneta esferográfica	「ボールペン」
burato	buraco	「穴」
camareiro	garção	「ボーイ」
cangrexo	caranguejo	「カニ」
cartos[diñeiro]	dinheiro	「お金」
cea	jantar	「夕食」
cha	planície	「平野」
chalé	chácara	「別荘」
cheminea	chaminê	「煙突」

chourizo	salsicha[chouriço]	「ソーセージ」
coche	carro	「車」
coitelo	faca	「ナイフ」
comedor	sala de jantar	「食堂」
comenzar	começar	「始まる」
curmá[prima]	prima	「従姉妹」
culler	colher	「スプーン」
curmán[primo]	primo	「従兄弟」
demo	demônio	「悪魔」
deporte	esporte[desporto]	「スポーツ」
eixada	enxada	「鍬」
ensalada	salada	「サラダ」
fame	fome	「空腹」
fiestra[ventá・xanela]	janela	「窓」
froita	fruta	「果物」
guantes	luvas	「手袋」
hogano	este ano	「今年は(副詞)」
illó	pântano	「沼地」
irmá	irmã	「姉妹」
irmán	irmão	「兄弟」
lentes(pl.)	óculos(pl.)	「メガネ」
mañá	manhã	「朝・午前」
mañá	amanhã	「明日」
mango	manga	「マンゴー」
mazá	maçã	「リンゴ」
media	meia	「半時間・靴下」
medio	meio	「半ば」
mediodía	meio-dia	「正午」
medianoite	meia-noite	「夜の12時」
mercar	comprar	「買う」
moucho	coruja	「フクロウ」

Nadal	Natal	「クリスマス」
nai	mãe	「母」
neno	criança	「子供」
oficina	escritório	「事務所」
pantalóns	calças	「ズボン」
paraugas	guarda-chuva	「雨傘」
pel	pele	「皮膚」
peto	bolso	「ポケット」
pizarra	quadro-negro[lousa]	「黒板」
plátano[banana]	banana	「バナナ」
rapaz	menino	「少年・子供」
rapaza	menina	「少女・子供」
ril [rin]	rim	「腎臓」
sandía	melancia	「スイカ」
silla	cadeira	「椅子」
sombreiro[chapeu]	chapéu	「帽子」
tenda	loja	「店」
val	vale	「谷」
vergonza	vergonha	「恥」
xabarín	javali	「猪」
xabrón[xabón]	sabão	「石鹸」
xantar	almoço	「昼食」
xastre	alfaiate	「洋服屋」
xelado	sorvete[gelado]	「アイスクリーム」
xiz「tiza」	giz	「チョーク」
xove	jovem	「若者」
zume	suco[sumo]	「ジュース」

2　ガリシア語－ポルトガル語対照動詞活用表

(1) 規則動詞
　　第1変化規則動詞　第2変化規則動詞　第3変化規則動詞

falar		comer		partir	
直説法	直説法	直説法	直説法	直説法	直説法
[現在]	[現在]	[現在]	[現在]	[現在]	[現在]
Eu falo	Eu falo	Eu como	Eu como	Eu parto	Eu parto
Ti falas	Tu falas	Ti comes	Tu comes	Ti partes	Tu partes
El fala	Ele fala	El come	Ele come	El parte	Ele parte
Nós falamos	Nós falamos	Nós comemos	Nós comemos	Nós partimos	Nós partimos
Vós falades	Vós falais	Vós comedes	Vós comeis	Vós partides	Vós partis
Eles falan	Eles falam	Eles comen	Eles comem	Eles parten	Eles partem
	[現在完了]		[現在完了]		[現在完了]
	tenho falado		tenho comido		tenho partido
	tens falado		tens comido		tens partido
	tem falado		tem comido		tem partido
	temos falado		temos comido		temos partido
	tendes falado		tendes comido		tendes partido
	têm falado		têm comido		têm partido
[完全過去]	[完全過去]	[完全過去]	[完全過去]	[完全過去]	[完全過去]
Eu falei	Eu falei	Eu comín	Eu comi	Eu partín	Eu parti
Ti falaches	Tu falaste	Ti comiches	Tu comeste	Ti partiches	Tu partiste
El falou	Ele falou	El comeu	Ele comeu	El partiu	Ele partiu
Nós falamos	Nós falamos	Nós comemos	Nós comemos	Nós partimos	Nós partimos
Vós falastes	Vós falastes	Vós comestes	Vós comestes	Vós partistes	Vós partiste
Eles falaron	Eles falaram	Eles comeron	Eles comeram	Eles partiron	Eles partiram
[不完全過去]	[不完全過去]	[不完全過去]	[不完全過去]	[不完全過去]	[不完全過去]
Eu falaba	Eu falava	Eu comía	Eu comia	Eu partía	Eu partia

Ti falabas	Tu falavas	Ti comías	Tu comias	Ti partías	Tu partias
El falaba	Ele falava	El comía	Ele comia	El partía	Ele partia
Nós falabamos	Nós falávamos	Nós comiamos	Nós comíamos	Nós partiamos	Nós partíamos
Vós falabades	Vós faláveis	Vós comiades	Vós comíeis	Vós partiades	Vós partíeis
Eles falaban	Eles falavam	Eles comían	Eles comiam	Eles partían	Eles partiam
[過去完了]	[過去完了]	[過去完了]	[過去完了]	[過去完了]	[過去完了]
Eu falara	Eu falara	Eu comera	Eu comera	Eu partira	Eu partira
Ti falaras	Tu falaras	Ti comeras	Tu comeras	Ti partiras	Tu partiras
El falara	Ele falara	El comera	Ele comera	El partira	Eles partira
Nós falaramos	Nós faláramos	Nós comeramos	Nós comêramos	Nós partiramos	Nós partíramos
Vós falarades	Vós faláreis	Vós comerades	Vós comêreis	Vós partirades	Vós partíreis
Eles falaran	Eles falaram	Eles comeran	Eles comeram	Eles partiran	Eles partiram
	（複合形）		（複合形）		（複合形）
	tinha falado		tinha comido		tinha partido
	tinhas falado		tinhas comido		tinhas partido
	tinha falado		tinha comido		tinha partido
	tínhamos falado		tínhamos comido		tínhamos partido
	tínheis falado		tínheis comido		tínheis partido
	tinham falado		tinham comido		tinham partido
[未来]	[未来]	[未来]	[未来]	[未来]	[未来]
Eu falarei	Eu falarei	Eu comerei	Eu comerei	Eu partirei	Eu partirei
Ti falarás	Tu falarás	Ti comerás	Tu comerás	Ti partirás	Tu partirás
El falará	Ele falará	El comerá	Ele comerá	El partirá	Ele partirá
Nós falaremos	Nós falaremos	Nós comeremos	Nós comeremos	Nós partiremos	Nós partiremos
Vós falaredes	Vós falareis	Vós comeredes	Vós comereis	Vós partiredes	Vós partireis
Eles falarán	Eles falarão	Eles comerán	Eles comerão	Eles partirán	Eles partirão
	[未来完了]		[未来完了]		[未来完了]
	terei falado		terei comido		terei partido
	terás falado		terás comido		terás partido
	terá falado		terá comido		terá partido

	teremos falado		teremos comido		teremos partido
	tereis falado		tereis comido		tereis partido
	terão falado		terão comido		terão partido
[過去未来]	[過去未来]	[過去未来]	[過去未来]	[過去未来]	[過去未来]
Eu falaría	Eu falaria	Eu comería	Eu comeria	Eu partiría	Eu partiria
Ti falarías	Tu falarias	Ti comerías	Tu comerias	Ti partirías	Tu partirias
El falaría	Ele falaria	El comería	Ele comeria	El partiría	Ele partiria
Nós falaríamos	Nós falaríamos	Nós comeríamos	Nós comeríamos	Nós partiríamos	Nós partiríamos
Vós falariades	Vós falaríeis	Vós comeriades	Vós comeríeis	Vós partiriades	Vós partiríeis
Eles falarían	Eles falariam	Eles comerían	Eles comeriam	Eles partirían	Eles partiriam
	[過去未来完了]		[過去未来完了]		[過去未来完了]
	teria falado		teria comido		teria partido
	terias falado		terias comido		terias partido
	teria falado		teria comido		teria partido
	teríamos falado		teríamos comido		teríamos partido
	teríeis falado		teríeis comido		teríeis partido
	teriam falado		teriam comido		teriam partido
接続法	接続法	接続法	接続法	接続法	接続法
[現在]	[現在]	[現在]	[現在]	[現在]	[現在]
Eu fale	Eu fale	Eu coma	Eu coma	Eu parta	Eu parta
Ti fales	Tu fales	Ti comas	Tu comas	Ti partas	Tu partas
El fale	Ele fale	El coma	Ele coma	El parta	Ele parta
Nós falemos	Nós falemos	Nós comamos	Nós comamos	Nós partamos	Nós partamos
Vós faledes	Vós faleis	Vós comades	Vós comais	Vós partades	Vós partais
Eles falen	Eles falem	Eles coman	Eles comam	Eles partan	Eles partam
[過去]	[不完全過去]	[過去]	[不完全過去]	[過去]	[不完全過去]
Eu falase	Eu falasse	Eu comese	Eu comesse	Eu partise	Eu partisse
Ti falases	Tu falasses	Ti comeses	Tu comesses	Ti partises	Tu partisses
El falase	Ele falasse	El comese	Ele comesse	El partise	Ele partisse
Nós falasemos	Nós falássemos	Nós comesemos	Nós comêssemos	Nós partisemos	Nós partíssemos

Vós falasedes	Vós falásseis	Vós comesedes	Vós comêsseis	Vós partisedes	Vós partísseis
Eles falasen	Eles falassem	Eles comesen	Eles comessem	Eles partisen	Eles partissem
	[完全過去]		[完全過去]		[完全過去]
	tenha falado		tenha comido		tenha partido
	tenhas falado		tenhas comido		tenhas partido
	tenha falado		tenha comido		tenha partido
	tenhamos falado		tenhamos comido		tenhamos partido
	tenhais falado		tenhais comido		tenhais partido
	tenham falado		tenham comido		tenham partido
	[過去完了]		[過去完了]		[過去完了]
	tivesse falado		tivesse comido		tivesse partido
	tivesses falado		tivesses comido		tivesses partido
	tivesse falado		tivesse comido		tivesse partido
	tivéssemos falado		tivéssemos comido		tivéssemos partido
	tivésseis falado		tivésseis comido		tivésseis partido
	tivessem falado		tivessem comido		tivessem partido
[未来]	[未来]	[未来]	[未来]	[未来]	[未来]
Eu falar	Eu falar	Eu comer	Eu comer	Eu partir	Eu partir
Ti falares	Tu falares	Ti comeres	Tu comeres	Ti partires	Tu partires
El falar	Ele falar	El comer	Ele comer	El partir	Ele partir
Nós falarmos	Nós falarmos	Nós comermos	Nós comermos	Nós partirmos	Nós partirmos
Vós falardes	Vós falardes	Vós comerdes	Vós comerdes	Vós partirdes	Vós partirdes
Eles falaren	Eles falarem	Eles comeren	Eles comerem	Eles partiren	Eles partirem
	[未来完了]		[未来完了]		[未来完了]
	tiver falado		tiver comido		tiver partido
	tiveres falado		tiveres comido		tiveres partido
	tiver falado		tiver comido		tiver partido
	tivermos falado		tivermos comido		tivermos partido
	tiverdes falado		tiverdes comido		tiverdes partido
	tiverem falado		tiverem comido		tiverem partido

不定詞	不定詞	不定詞	不定詞	不定詞	不定詞
[非人称・単純形] falar	[非人称・単純形] falar	[非人称・単純形] comer	[非人称・単純形] comer	[非人称・単純形] partir	[非人称・単純形] partir
	[非人称・複合形] ter falado		[非人称・複合形] ter comido		[非人称・複合形] ter partido
[人称・単純形] Eu falar Ti falares El falar Nós falarmos Vós falardes Eles falaren	[人称・単純形] Eu falar Tu falares Ele falar Nós falarmos Vós falardes Eles falarem	[人称・単純形] Eu comer Ti comeres El comer Nós comermos Vós comerdes Eles comeren	[人称・単純形] Eu comer Tu comeres Ele comer Nós comermos Vós comerdes Eles comerem	[人称・単純形] Eu partir Ti partires El partir Nós partirmos Vós partirdes Eles partiren	[人称・単純形] Eu partir Tu partires Ele partir Nós partirmos Vós partirdes Eles partirem
	[人称・複合形] ter falado teres falado ter falado termos falado terdes falado terem falado		[人称・複合形] ter comido teres comido ter comido termos comido terdes comido terem comido		[人称・複合形] ter partido teres partido ter partido termos partido terdes partido terem partido
現在分詞 falando	現在分詞 falando	現在分詞 comendo	現在分詞 comendo	現在分詞 partindo	現在分詞 partindo
過去分詞 falado	過去分詞 falado	過去分詞 comido	過去分詞 comido	過去分詞 partido	過去分詞 partido
命令法 (Ti) fala (Vós) falade	命令法 (Tu) fala (Vós) falai	命令法 (Ti) come (Vós) comede	命令法 (Tu) come (Vós) comei	命令法 (Ti) parte (Vós) partide	命令法 (Tu) parte (Vós) parti

＊ 空欄となっているのは，単一の対応する独立した時制がない場合である．

(2) 準規則動詞（正書法上の注意を必要とする動詞）
  1）第1変化動詞（-car・-zar・-gar で終わる動詞）

ガリシア語

	\multicolumn{2}{c	}{tocar}	\multicolumn{2}{c	}{comenzar}	\multicolumn{2}{c	}{pagar}
	直・完過	接・現在	直・完過	接・現在	直・完過	接・現在
Eu	toquei	toque	comencei	comence	paguei	pague
Ti	tocaches	toques	comenzaches	comences	pagaches	pagues
El	tocou	toque	comenzou	comence	pagou	pague
Nós	tocamos	toquemos	comenzamos	comencemos	pagamos	paguemos
Vós	tocastes	toquedes	comenzastes	comencedes	pagastes	paguedes
Eles	tocaron	toquen	comenzaron	comencen	pagaron	paguen

ポルトガル語

	\multicolumn{2}{c	}{tocar}	\multicolumn{2}{c	}{começar}	\multicolumn{2}{c	}{pagar}
	直・完過	接・現在	直・完過	接・現在	直・完過	接・現在
Eu	toquei	toque	comecei	comece	paguei	pague
Tu	tocaste	toques	começaste	comeces	pagaste	pagues
Ele	tocou	toque	começou	comece	pagou	pague
Nós	tocamos	toquemos	começamos	comecemos	pagamos	paguemos
Vós	tocastes	toqueis	começastes	comeceis	pagastes	pagueis
Eles	tocaram	toquem	começaram	comecem	pagaram	paguem

  2）第2変化動詞（-cer・-guer で終わる動詞）

ガリシア語

	\multicolumn{2}{c	}{obedecer}	\multicolumn{2}{c	}{erguer}
	直・現在	接・現在	直・現在	接・現在
Eu	obedezo	obedeza	ergo	erga
Ti	obedeces	obedezas	ergues	ergas
El	obedece	obedeza	ergue	erga
Nós	obedecemos	obedezamos	erguemos	ergamos

Vós	obedecedes	obedezades	erguedes	ergades
Eles	obedecen	obedezan	erguen	ergan

ポルトガル語

	obedecer		erguer	
	直・現在	接・現在	直・現在	接・現在
Eu	obedeço	obedeça	ergo	erga
Tu	obedeces	obedeças	ergues	ergas
Ele	obedece	obedeça	ergue	erga
Nós	obedecemos	obedeçamos	erguemos	ergamos
Vós	obedeceis	obedeçais	ergueis	ergais
Eles	obedecem	obedeçam	erguem	ergam

*ガリシア語には，-ger で終わる動詞はない．

3) 第3変化動詞(-guir で終わる動詞)

ガリシア語

	distinguir	
	直・現在	接・現在
Eu	distingo	distinga
Ti	distingues	distingas
El	distingue	distinga
Nós	distinguimos	distingamos
Vós	distinguides	distingades
Eles	distinguen	distingan

ポルトガル語

	distinguir	
	直・現在	接・現在
Eu	distingo	distinga
Tu	distingues	distingas
Ele	distingue	distinga

Nós	distinguimos	distingamos
Vós	distinguis	distingais
Eles	distinguem	distingam

*ガリシア語には，-gir で終わる動詞はない．

(3) 主要な不規則動詞

1) -ar の語尾をもつ不規則動詞

ガリシア語

dar

	直・現在	直・完過	直・過完	接・現在	接・過去	接・未来
Eu	dou	dei	dera	dea	dese	der
Ti	dás	deches	deras	deas	deses	deres
El	dá	deu	dera	dea	dese	der
Nós	damos	demos	deramos	deamos	desemos	dermos
Vós	dades	destes	derades	deades	desedes	derdes
Eles	dan	deron	deran	dean	desen	deren

ポルトガル語

dar

	直・現在	直・完過	直・過完	接・現在	接・不完過	接・未来
Eu	dou	dei	dera	dê	desse	der
Tu	dás	deste	deras	dês	desses	deres
Ele	dá	deu	dera	dê	desse	der
Nós	damos	demos	déramos	demos	déssemos	dermos
Vós	dais	destes	déreis	deis	désseis	derdes
Eles	dão	deram	deram	dêem	dessem	deren

ガリシア語

estar

	直・現在	直・完過	直・過完	接・現在	接・過去	接・未来
Eu	estou	estiven	estivera	estea	estivese	estiver

Ti	estás	estiveches	estiveras	esteas	estiveses	estiveres
El	está	estivo	estivera	estea	estivese	estiver
Nós	estamos	estivemos	estiveramos	esteamos	estivesemos	estivermos
Vós	estades	estivestes	estiverades	esteades	estivesedes	estiverdes
Eles	están	estiveron	estiveron	estean	estivesen	estiveren

ポルトガル語

estar

	直・現在	直・完過	直・過完	接・現在	接・不完過	接・未来
Eu	estou	estive	estivera	esteja	estivesse	estiver
Tu	estás	estiveste	estiveras	estejas	estivesses	estiveres
Ele	está	esteve	estivera	esteja	estivesse	estiver
Nós	estamos	estivemos	estivéramos	estejamos	estivéssemos	estivermos
Vós	estais	estivestes	estivéreis	estejais	estivésseis	estiverdes
Eles	estão	estiveram	estiveram	estejam	estivessem	estiverem

2) -er の語尾をもつ不規則動詞

ガリシア語

caber

	直・現在	直・完過	直・過完	接・現在	接・過去	接・未来
Eu	caibo	couben	coubera	caiba	coubese	couber
Ti	cabes	coubeches	couberas	caibas	coubeses	couberes
El	cabe	coubo	coubera	caiba	coubese	couber
Nós	cabemos	coubemos	couberamos	caibamos	coubesemos	coubermos
Vós	cabedes	coubestes	couberades	caibades	coubesedes	couberdes
Eles	caben	couberon	couberon	caiban	coubesen	couberen

ポルトガル語

caber

	直・現在	直・完過	直・過完	接・現在	接・不完過	接・未来
Eu	caibo	coube	coubera	caiba	coubesse	couber

Tu	cabes	coubeste	couberas	caibas	coubesses	couberes
Ele	cabe	coube	coubera	caiba	coubesse	couber
Nós	cabemos	coubemos	coubéramos	caibamos	coubéssemos	coubermos
Vós	cabeis	coubestes	coubéreis	caibais	coubésseis	couberdes
Eles	cabem	couberam	couberam	caibam	coubessem	couberem

ガリシア語

caer

	直・現在	直・不完過	接・現在
Eu	caio	caía	caia
Ti	caes	caías	caias
El	cae	caía	caia
Nós	caemos	caïamos	caiamos
Vós	caedes	caïades	caiades
Eles	caen	caían	caian

ポルトガル語

cair

	直・現在	直・不完過	接・現在
Eu	caio	caía	caia
Tu	cais	caías	caias
Ele	cai	caía	caia
Nós	caímos	caíamos	caiamos
Vós	caís	caíeis	caiais
Eles	caem	caíam	caiam

＊同変化の動詞(ガリシア語)：abstraer, atraer, condoer, corroer, decaer, detraer, distraer, doer, esvaer, extraer, moer, proer, recaer, remoer, retraer, subtraer, など.

ガリシア語

facer（過去分詞 feito）

	直・現在	直・完過	直・過完	直・未来	直・過未	接・現在	接・過去	接・未来
Eu	fago	fixen	fixera	farei	faría	faga	fixese	fixer
Ti	fas	fixeches	fixeras	farás	farías	fagas	fixeses	fixeres
El	fai	fixo	fixera	fará	faría	faga	fixese	fixer
Nós	facemos	fixemos	fixeramos	faremos	fariamos	fagamos	fixesemos	fixermos
Vós	facedes	fixestes	fixerades	faredes	fariades	fagades	fixesedes	fixerdes
Eles	fan	fixeron	fixeran	farán	farían	fagan	fixesen	fixeren

ポルトガル語

fazer（過去分詞 feito）

	直・現在	直・完過	直・過完	直・未来	直・過未	接・現在	接・不完過	接・未来
Eu	faço	fiz	fizera	farei	faria	faça	fizesse	fizer
Tu	fazes	fizeste	fizeras	farás	farias	faças	fizesses	fizers
Ele	faz	fez	fizera	fará	faria	faça	fizesse	fizer
Nós	fazemos	fizemos	fizéramos	faremos	faríamos	façamos	fizéssemos	fizermos
Vós	fazeis	fizestes	fizéreis	fareis	faríeis	façais	fizésseis	fizerdes
Eles	fazem	fizeram	fizeram	farão	fariam	façam	fizessem	fizerem

＊同変化の動詞（ガリシア語）：afacer, contrafacer, desafacer, desfacer, rarefacer, refacer, satisfacer, など.

ガリシア語

haber

	直・現在	直・完過	直・過完	接・現在	接・過去	接・未来
Eu	hei	houben	houbera	haxa	houbese	houber
Ti	has	houbeches	houberas	haxas	houbeses	houberes
El	ha [hai]	houbo	houbera	haxa	houbese	houber
Nós	habemos [hemos]	houbemos	houberamos	haxamos	houbesemos	houbermos

Vós	habedes [hedes]	houbestes	houberades	haxades	houbesedes	houberdes
Eles	han	houberon	houberan	haxan	houbesen	houberen

ポルトガル語

haver

	直・現在	直・完過	直・過完	接・現在	接・不完過	接・未来
Eu	hei	houve	houvera	haja	houvesse	houver
Tu	hás	houveste	houveras	hajas	houvesses	houveres
Ele	há	houve	houvera	haja	houvesse	houver
Nós	havemos	houvemos	houvéramos	hajamos	houvéssemos	houvermos
Vós	haveis	houvestes	houvéreis	hajais	houvésseis	houverdes
Eles	hão	houveram	houveram	hajam	houvessem	houverem

ガリシア語

ler

	直・現在	接・現在
Eu	leo	lea
Ti	les	leas
El	le	lea
Nós	lemos	leamos
Vós	ledes	leades
Eles	len	lean

ポルトガル語

ler

	直・現在	接・現在
Eu	leio	leia
Tu	lês	leias
Ele	lê	leia
Nós	lemos	leiamos
Vós	ledes	leiais

Eles	lêem	leiam

＊同変化の動詞（ガリシア語）：crer, descrer, reler, trasler, など．

ガリシア語

poder

	直・現在	直・完過	直・過完	接・現在	接・過去	接・未来
Eu		puiden	puidera	poida	puidese	puider
Ti		puideches	puideras	poidas	puideses	puideres
El		puido	puidera	poida	puidese	puider
Nós		puidemos	puideramos	poidamos	puidesemos	puidermos
Vós		puidestes	puiderades	poidades	puidesedes	puiderdes
Eles		puideron	puideran	poidan	puidesen	puideren

ポルトガル語

poder

	直・現在	直・完過	直・過完	接・現在	接・不完過	接・未来
Eu	posso	pude	pudera	possa	pudesse	puder
Tu	podes	pudeste	puderas	possas	pudesses	puderes
Ele	pode	pôde	pudera	possa	pudesse	puder
Nós	podemos	pudemos	pudéramos	possamos	pudéssemos	pudermos
Vós	podeis	pudestes	pudéreis	possais	pudésseis	puderdes
Eles	podem	puderam	puderam	possam	pudessem	puderem

ガリシア語

poñer [pór]（過去分詞posto, 現在分詞poñendo [pondo]）

	直・現在	直・不完過	直・完過	直・過完	接・現在	接・過去	接・未来
Eu	poño	poñía [puña]	puxen	puxera	poña	puxese	puxer
Ti	pos	poñías [puñas]	puxeches	puxeras	poñas	puxeses	puxeres
El	pon	poñía [puña]	puxo	puxera	poña	puxese	puxer

— 221 —

Nós	poñemos [pomos]	poñiamos [puñamos]	puxemos	puxeramos	poñamos	puxesemos	puxermos
Vós	poñedes [pondes]	poñiades [puñades]	puxestes	puxerades	poñades	puxesedes	puxerdes
Eles	poñen [pon]	poñían [puñan]	pexeron	puxeran	poñan	puxesen	puxeren

ポルトガル語

pôr（過去分詞posto，現在分詞pondo）

	直・現在	直・不完過	直・完過	直・過完	接・現在	接・不完過	接・未来
Eu	ponho	punha	pus	pusera	ponha	pusesse	puser
Tu	pões	punhas	puseste	puseras	ponhas	pusesses	puseres
Ele	põe	punha	pôs	pusera	ponha	pusesse	puser
Nós	pomos	púnhamos	pusemos	puséramos	ponhamos	puséssemos	pusermos
Vós	pondes	púnheis	pusestes	puséreis	ponhais	pusésseis	puserdes
Eles	põem	punham	puseram	puseram	ponham	pusessem	puserem

＊同変化の動詞（ガリシア語）：antepoñer[antepor], compoñer[compor], contrapoñer[contrapor], depoñer[depor], dispoñer[dispor], expoñer[expor], impoñer[impor], interpoñer[interpor], opoñer[opor], pospoñer[pospor], presupoñer[presupor], propoñer[propor], repoñer[repor], sobrepoñer[sobrepor], superpoñer[superpor], supoñer[supor], traspoñer[traspor], xustapoñer [xustapor], など.

ガリシア語

pracer

	直・現在	直・完過	直・過完	接・現在	接・過去	接・未来
Eu	prazo	prouguen	prouguera	praza	prouguese	prouguer
Ti	praces	prougueches	prougueras	prazas	prougueses	prougueres
El	prace	prougo	prouguera	praza	prouguese	prouguer
Nós	pracemos	prouguemos	prougueramos	prazamos	prouguesemos	prouguermos
Vós	pracedes	prouguestes	prouguerades	prazades	prouguesedes	prouguerdes

Eles	pracen	prougueron	prougueran	prazan	prouguesen	prougueren

ポルトガル語

prazer（3人称の変化のみもつ）

	直・現在	直・完過	直・過完	接・現在	接・不完過	接・未来
Ele	praz	prouve	prouvera	praça	prouvesse	prouver
Eles	prazem	prouveram	prouveram	praçam	prouvessem	prouverem

ガリシア語

querer

	直・現在	直・完過	直・過完	接・現在	接・過去	接・未来
Eu		quixen	quixera	queira	quixese	quixer
Ti		quixeches	quixeras	queiras	queixeses	quixeres
El		quixo	quixera	queira	quixese	quixer
Nós		quixemos	quixeramos	queiramos	quixesemos	quixermos
Vós		quixestes	quixerades	queirades	quixesedes	quixerdes
Eles		quixeron	quixeran	queiran	quixesen	quixeren

ポルトガル語

querer

	直・現在	直・完過	直・過完	接・現在	接・不完過	接・未来
Eu	quero	quis	quisera	queira	quisesse	quiser
Tu	queres	quiseste	quiseras	queiras	quisesses	quiseres
Ele	quer	quis	quisera	queira	quisesse	quiser
Nós	queremos	quisemos	quiséramos	queiramos	quiséssemos	quisermos
Vós	quereis	quisestes	quiséreis	queirais	quisésseis	quiserdes
Eles	querem	quiseram	quiseram	queiram	quisessem	quiserem

ガリシア語

saber

	直・現在	直・完過	直・過完	接・現在	接・過去	接・未来
Eu	sei	souben	soubera	saiba	soubese	souber

	直・現在	直・完過	直・過完	接・現在	接・不完過	接・未来
Ti	sabes	soubeches	souberas	saibas	soubeses	souberes
El	sabe	soubo	soubera	saiba	soubese	souber
Nós	sabemos	soubemos	souberamos	saibamos	soubesemos	soubermos
Vós	sabedes	soubestes	souberades	saibades	soubesedes	souberdes
Eles	saben	souberon	souberam	saiban	soubesen	souberen

ポルトガル語

saber

	直・現在	直・完過	直・過完	接・現在	接・不完過	接・未来
Eu	sei	soube	soubera	saiba	soubesse	souber
Tu	sabes	soubeste	souberas	saibas	soubesses	souberes
Ele	sabe	soube	soubera	saiba	soubesse	souber
Nós	sabemos	soubemos	soubéramos	saibamos	soubéssemos	soubermos
Vós	sabeis	soubestes	soubéreis	saibais	soubésseis	souberdes
Eles	sabem	souberam	souberam	saibam	soubessem	souberem

ガリシア語

ser

	直・現在	直・不完過	直・完過	直・過完	命令	接・現在	接・過去	接・未来
Eu	son	era	fun	fora		sexa	fose	for
Ti	es	eras	fuches	foras	se	sexas	foses	fores
El	é	era	foi	fora		sexa	fose	for
Nós	somos	eramos	fomos	foramos		sexamos	fosemos	formos
Vós	sodes	erades	fostes	forades	sede	sexades	fosedes	fordes
Eles	son	eran	foron	foran		sexan	fosen	foren

ポルトガル語

ser

	直・現在	直・不完過	直・完過	直・過完	命令	接・現在	接・不完過	接・未来
Eu	sou	era	fui	fora		seja	fosse	for
Tu	és	eras	foste	foras	sê	sejas	fosses	fores

Ele	é	era	foi	fora		seja	fosse	for
Nós	somos	éramos	fomos	fôramos		sejamos	fôssemos	formos
Vós	sois	éreis	fostes	fôreis	sede	sejais	fôsseis	fordes
Eles	são	eram	foram	foram		sejam	fossem	forem

ガリシア語

ter

	直・現在	直・不完過	直・完過	命令	接・現在	接・過去	接・未来
Eu	teño	tiña	tiven		teña	tivese	tiver
Ti	tes	tiñas	tiveches	ten	teñas	tiveses	tiveres
El	ten	tiña	tivo		teña	tivese	tiver
Nós	temos	tiñamos	tivemos		teñamos	tivesemos	tivermos
Vós	tendes [tedes]	tiñades	tivestes	tende [tede]	teñades	tivesedes	tiverdes
Eles	teñen [ten]	tiñan	tiveron		teñan	tivesen	tiveren

ポルトガル語

ter

	直・現在	直・不完過	直・完過	命令	接・現在	接・不完過	接・未来
Eu	tenho	tinha	tive		tenha	tivesse	tiver
Tu	tens	tinhas	tiveste	tem	tenhas	tivesses	tiveres
Ele	tem	tinha	teve		tenha	tivesse	tiver
Nós	temos	tínhamos	tivemos		tenhamos	tivéssemos	tivermos
Vós	tendes	tínheis	tivestes	tende	tenhais	tivésseis	tiverdes
Eles	têm	tinham	tiveram		tenham	tivessem	tiverem

＊同変化の動詞(ガリシア語)：abster, conter, deter, entreter, manter, obter, reter, など．

ガリシア語

traer

直・現在	直・不完過	直・完過	直・過完	直・未来	直・過未	接・現在	接・過去

Eu	traio	traía	trouxen	trouxera		traia	trouxese
Ti	traes	traías	trouxeches	trouxeras		traias	trouxeses
El	trae	traía	trouxo	trouxera		traia	trouxese
Nós	traemos	traíamos	trouxemos	trouxeramos		traiamos	trouxesemos
Vós	traedes	traíades	trouxestes	trouxerades		traiades	trouxesedes
Eles	traen	traían	trouxeron	trouxeran		traian	trouxesen

ポルトガル語

trazer

	直・現在	直・不完全	直・完過	直・過完	直・未来	直・過未	接・現在	接・不完過
Eu	trago		trouxe	trouxera	trarei	traria	traga	trouxesse
Tu	trazes		trouxeste	trouxeras	trarás	trarias	tragas	trouxesses
Ele	traz		trouxe	trouxera	trará	traria	traga	trouxesse
Nós	trazemos		trouxemos	trouxéramos	traremos	traríamos	tragamos	trouxéssemos
Vós	trazeis		trouxestes	trouxéreis	trareis	traríeis	tragais	trouxésseis
Eles	trazem		trouxeram	trouxeram	trarão	trariam	tragam	trouxessem

ガリシア語

traer

	接・未来
Eu	trouxer
Ti	trouxeres
El	trouxer
Nós	trouxermos
Vós	trouxerdes
Eles	trouxeren

valer

	直・現在	接・現在
Eu	vallo	valla
Ti	vales	vallas
El	vale	valla
Nós	valemos	vallamos
Vós	valedes	vallades
Eles	valen	vallan

ポルトガル語

trazer

	接・未来
Eu	trouxer

valer

	直・現在	接・現在
Eu	valho	valha

Tu	trouxeres
Ele	trouxer
Nós	trouxermos
Vós	trouxerdes
Eles	trouxerem

Tu	vales	valhas
Ele	vale	valha
Nós	valemos	valhamos
Vós	valeis	valhais
Eles	valem	valham

ガリシア語

ver（過去分詞 visto）

	直・現在	直・完過	直・過完	接・現在	接・過去	接・未来
Eu	vexo	vin	vira	vexa	vise	vir
Ti	ves	viches	viras	vexas	vises	vires
El	ve	viu	vira	vexa	vise	vir
Nós	vemos	vimos	viramos	vexamos	visemos	virmos
Vós	vedes	vistes	virades	vexades	visedes	virdes
Eles	ven	viron	viran	vexan	visen	viren

ポルトガル語

ver（過去分詞 visto）

	直・現在	直・完過	直・過完	接・現在	接・不完過	接・未来
Eu	vejo	vi	vira	veja	visse	vir
Tu	vês	viste	viras	vejas	visses	vires
Ele	vê	viu	vira	veja	visse	vir
Nós	vemos	vimos	víramos	vejamos	víssemos	virmos
Vós	vedes	vistes	víreis	vejais	vísseis	virdes
Eles	vêem	viram	viram	vejam	vissem	virem

＊同変化の動詞（ガリシア語）：antever, entrever, prever, rever, など．

3）-ir の語尾をもつ不規則動詞

ガリシア語

advertir

	直・現在	接・現在
Eu	advirto	advirta

Ti	advirtes	advirtas
El	advirte	advirta
Nós	advertimos	advirtamos
Vós	advirtides	advirtades
Eles	advirten	advirtan

ポルトガル語

advertir		
	直・現在	接・現在
Eu	advirto	advirta
Tu	advertes	advirtas
Ele	adverte	advirta
Nós	advertimos	advirtamos
Vós	advertis	advirtais
Eles	advertem	advirtam

* 同変化の動詞（ガリシア語）：adherir, divertir, agredirconferir, diferir, inferir, preferir, referir, competir, repetir, dixerir, suxerir, medir, pedir, vestir, など．

ガリシア語

dicir（過去分詞dito）								
	直・現在	直・完過	直・過完	直・未来	直・過未	接・現在	接・過去	接・未来
Eu	digo	dixen	dixera	direi	diría	diga	dixese	dixer
Ti	dis	dixeches	dixeras	dirás	dirías	digas	dixeses	dixeres
El	di	dixo	dixera	dirá	diría	diga	dixese	dixer
Nós	dicimos	dixemos	dixeramos	diremos	diriamos	digamos	dixesemos	dixermos
Vós	dicides	dixestes	dixerades	diredes	diriades	digades	dixesedes	dixerdes
Eles	din	dixeron	dixeron	dirán	dirían	digan	dixesen	dixeren

ポルトガル語

dizer（過去分詞dito）								
	直・現在	直・完過	直・過完	直・未来	直・過未	接・現在	接・不完過	接・未来

Eu	digo	disse	dissera	direi	diria	diga	dissesse	disser
Tu	dizes	disseste	disseras	dirás	dirias	digas	dissesses	disseres
Ele	diz	disse	dissera	dirá	diria	diga	dissesse	disser
Nós	dizemos	dissemos	disséramos	diremos	diríamos	digamos	disséssemos	dissermos
Vós	dizeis	dissestes	disséreis	direis	diríeis	digais	dissésseis	disserdes
Eles	dizem	disseram	disseram	dirão	diriam	digam	dissessem	disserem

＊ 同変化の動詞(ガリシア語)：contradicir, desdicir, maldicir, predicir, など-dicirで終わる動詞．

ガリシア語

fuxir

	直・現在	接・現在
Eu	fuxo	fuxa
Ti	foxes	fuxas
El	foxe	fuxa
Nós	fuximos	fuxamos
Vós	fuxides	fuxades
Eles	foxen	fuxan

ポルトガル語

fugir

	直・現在	接・現在
Eu	fujo	fuja
Tu	foges	fujas
Ele	foge	fuja
Nós	fugimos	fujamos
Vós	fugis	fujais
Eles	fogem	fujam

＊ 同変化の動詞(ガリシア語)：cubrir, cumprir, cuspir, durmir, engulir, lucir, subir, sufrir, tusir, sumir, など．

ガリシア語

ir

	直・現在	直・完過	直・過完	命令	接・現在	接・過去	接・未来
Eu	vou	fun	fora		vaia	fose	for
Ti	vas	fuches	foras	vai	vaias	foses	fores
El	va	foi	fora		vaia	fose	for
Nós	imos	fomos	foramos	vamos	vaiamos	fosemos	formos
Vós	ides	fostes	forades	ide	vaiades	fosedes	fordes
Eles	van	foron	foran		vaian	fosen	foren

ポルトガル語

ir

	直・現在	直・完過	直・過完	命令	接・現在	接・不完過	接・未来
Eu	vou	fui	fora		vá	fosse	for
Tu	vais	foste	foras	vai	vás	fosses	fores
Ele	vai	foi	fora		vá	fosse	fores
Nós	vamos	fomos	fôramos		vamos	fôssemos	formos
Vós	ides	fostes	fôreis	ide	vades	fôsseis	fordes
Eles	vão	foram	foram		vão	fossem	forem

ガリシア語

oír

	直・現在	直・不完過	接・現在
Eu	oio	oía	oia
Ti	oes	oías	oias
El	oe	oía	oia
Nós	oímos	oïamos	oiamos
Vós	oídes	oïades	oiades
Eles	oen	oían	oian

ガリシア語

rir

	直・現在	接・現在
Eu	río	ría
Ti	ris	rías
El	ri	ría
Nós	rimos	riamos
Vós	rides	riades
Eles	rin	rían

ポルトガル語

ouvir			
	直・現在	直・不完過	接・現在
Eu	ouço		ouça
Tu	ouves		ouças
Ele	ouve		ouça
Nós	ouvimos		ouçamos
Vós	ouvis		ouçais
Eles	ouvem		ouçam

＊同変化の動詞(ガリシア語)：entreoír, saír.

ポルトガル語

rir		
	直・現在	接・現在
Eu	rio	ria
Tu	ris	rias
Ele	ri	ria
Nós	rimos	riamos
Vós	rides	riais
Eles	riem	riam

＊同変化の動詞(ガリシア語)：sorrir.

ガリシア語

sentir		
	直・現在	接・現在
Eu	sinto	sinta
Ti	sentes	sintas
El	sente	sinta
Nós	sentimos	sintamos
Vós	sentides	sintades
Eles	senten	sintan

ポルトガル語

sentir		
	直・現在	接・現在
Eu	sinto	sinta
Tu	sentes	sintas
Ele	sente	sinta
Nós	sentimos	sintamos
Vós	sentis	sintais
Eles	sentem	sintam

＊同変化の動詞(ガリシア語)：conseguir, consentir, mentir, perseguir, presentir, proseguir, servir, など．

<u>ガリシア語</u>

vir (過去分詞 vido [vindo])

	直・現在	直・不完過	直・完過	直・過完	接・現在	接・過去	接・未来
Eu	veño	viña	vin	viñera	veña	viñese	viñer
Ti	vés	viñas	viñeches	viñeras	veñas	viñeses	viñeres
El	vén	viña	veu	viñera	veña	viñese	viñer
Nós	vimos	viñamos	viñemos	viñeramos	veñamos	viñesemos	viñermos
Vós	vindes [vides]	viñades	viñestes	viñerades	veñades	viñesedes	viñerdes
Eles	veñen	viñan	viñeron	viñeran	veñan	viñesen	viñeren

<u>ポルトガル語</u>

vir (過去分詞 vindo)

	直・現在	直・不完過	直・完過	直・過完	接・現在	接・不完過	接・未来
Eu	venho	vinha	vim	viera	venha	viesse	vier
Tu	vens	vinhas	vieste	vieras	venhas	viesses	vieres
Ele	vem	vinha	veio	viera	venha	viesse	vier
Nós	vimos	vínhamos	viemos	viéramos	venhamos	viéssemos	viermos
Vós	vindes	vínheis	viestes	viéreis	venhais	viésseis	vierdes
Eles	vêm	vinham	vieram	vieram	venham	viessem	vierem

＊ 同変化の動詞(ガリシア語)：advir, avir, contravir, convir, intervir, prevetir, provir, など．

3 ガリシア語参考文献

[邦文]

池上岑夫著,『ポルトガル語とガリシア語』, 大学書林, 1984年

浅香武和著,『現代ガリシア語文法』, 大学書林, 1993年

浅香武和編,『ガリシア語会話練習帳』, 大学書林, 1994年

富野幹雄・木下登著,『ポルトガル語・スペイン語対照ガリシア語会話』, 大学書林, 1995年

伊藤太吾著,『スペイン語からガリシア語へ』, 大学書林, 1998年

[欧文]

Álvarez, R./Monteagudo, H./Regueira, X.L., *Gramática Galega*, Ed. Galaxia, 1986

Álvarez, Juan José Moralejo, *A LINGUA GALEGA HOXE*, Ed. Galaxia, 1977

Calero, Ricardo Carballo, *GRAMÁTICA ELEMENTAL DEL GALLEGO COMÚN*, Ed. Galaxia, 1979

COMISSOM LINGÜÍSTICA, *PRONTUÁRIO ORTOGRÁFICO GALEGO*, ASSOCIAÇOM GALEGA DA LÍNGUA, 1985

Estravís, Isaac Alonso, *GALEGOPORTUGUESES*, ALHENA EDICIONES, 1987

Garcia, Xermán, et al, *EDIGAL GALEGO*, 4 VOLS. Edita EDIGAL, 1994

Gondar, Francisco G., *O INFINITIVO CONJUGADO EN GALEGO*, Univ. de SANTIAGO DE COMPOSTELA, 1978

Grande, X.L. Franco, *Vocabulario Galego-Castelán*, Manuais, 1984

Instituto Da Lingua Galega, *GALEGO 1,2,3*, UNIV. de SANTIAGO DE COMPOSTELA, 1984

GALEGO COLOQUIAL, LA VOZ DE GALICIA, 1992

Lapa, Rodrigues, *Estudos Galego-Portugueses*, Sá Da Costa, 1979

Lorenzo, Manuel González, *BILINGÜISMO EN GALICIA*, Univ. de SANTIAGO DE COMPOSTELA, 1985

Noia, Mª Camino, et al., *Lingua. COU.*, XERAIS, 1993

Pedreira, Pedro A. Barros et al., *Esfolla, Galego Prático*, EDICIÓNS CRUCEIRO, 1989

Pena, X. Ramón／Rosales, Manuel, *MANUAL DE GALEGO UR-XENTE*, XERAIS, 1987

Portas, Manuel, *LÍNGUA E SOCIEDADE NA GALIZA*, EDICIÓNS BAHIA, 1993

Pozo, José-Santiago Crespo, *NUEVA CONTRIBUCION A UN VOCABULARIO CASTELLANO-GALLEGO*, Tomo I, LA REGION, 1972 ; Tomo II, Ediciós do Castro, 1979 ; Tomo III, Ediciós do Castro, 1982 ; Tomo IV, Ediciós do Castro, 1985

REAL ACADEMIA GALEGA, *NORMAS ORTOGRÁFICAS E MOR-FOLÓGICAS DO IDIOMA GALEGA, INSTITUTO DA LINGUA GALEGA*, 1995, 12ª edición

Regueiro, Manuel Díaz, *OS VERBOS GALEGOS*, GRAFINOVA, 1992

Riego, F. Fernandez del, *Vocabulario Castellano-Gallego*, Manuais, 1984

Romero, Henrique Monteagudo／Cancela, Xermán García, *DIC-CIONARIO GALEGO-CASTELÁN*, Ed. Galaxia, 1988

Santamarina, Antonio, *EL VERBO GALLEGO*, Univ. de SANTIAGO DE COMPOSTELA, 1974

Sarmiento, Fr. Martin, *COLECCION DE VOCES Y FRASES GA-LLEGAS*, EUROPA, 1970

Tabarés,Xosé María Freixedo／Carracedo, Fe Álvarez, *DICCIONARIO DE USOS CASTELLANO-GALLEGO*, AKAL, 1985

Xunta de Galicia, *Normalización da Lingua Galega*, Minerva, 1985

著者紹介

富野　幹雄 [とみの・みきお] 南山大学教授（ポルトガル語学）

目録進呈／落丁本・乱丁本はお取替えいたします。

平成13年3月20日　　Ⓒ第1版発行

著　者	富　野　幹　雄
発行者	佐　藤　政　人

発　行　所

株式会社　**大　学　書　林**

東京都文京区小石川4丁目7番4号
振替口座　00120-8-43740
電話 (03) 3812-6281〜3番
郵便番号　112-0002

ポルトガル語からガリシア語へ

ISBN4-475-01849-8　　TMプランニング・横山印刷・牧製本

大学書林 語学参考書

小泉　　保 著	言語学とコミュニケーション	Ａ５判	228頁
小泉　　保 著	音　声　学　入　門	Ａ５判	248頁
下宮忠雄 編著	世界の言語と国のハンドブック	新書判	280頁
島岡　　茂 著	ロ マ ン ス 語 の 話	Ｂ６判	176頁
島岡　　茂 著	ロマンス語比較文法	Ｂ６判	208頁
伊藤太吾 著	ロマンス語基本語彙集	Ｂ６判	344頁
伊藤太吾 著	ロマンス語比較会話	Ａ５判	264頁
富野幹雄 著	スペイン語からポルトガル語へ	Ｂ６判	224頁
伊藤太吾 著	スペイン語からルーマニア語へ	Ｂ６判	228頁
伊藤太吾 著	フランス語からスペイン語へ	Ｂ６判	224頁
伊藤太吾 著	イタリア語からスペイン語へ	Ｂ６判	298頁
伊藤太吾 著	ラテン語からスペイン語へ	Ｂ６判	260頁
伊藤太吾 著	スペイン語からカタルーニア語へ	Ｂ６判	224頁
伊藤太吾 著	スペイン語からガリシア語へ	Ｂ６判	296頁
池上岑夫 著	ポルトガル語とガリシア語	Ａ５判	216頁
浅香武和 著	現代ガリシア語文法	Ｂ６判	220頁
浅香武和 編	ガリシア語会話練習帳	新書判	180頁
富野幹雄　著 木下　登	ポルトガル語・スペイン語対照 ガ リ シ ア 語 会 話	Ｂ６判	184頁

——目録進星——

大学書林 語学参考書

著者	書名	判型	頁数
小林　標著	独習者のための 楽しく学ぶラテン語	Ａ５判	306頁
直野　敦著	ルーマニヤ語文法入門	Ｂ６判	112頁
伊藤太吾著	やさしいルーマニア語	Ｂ６判	180頁
菅田茂昭著	現代イタリア語入門	Ｂ６判	260頁
小林　惺著	イタリア文解読法	Ａ５判	640頁
島岡　茂著	フランス語統辞論	Ａ５判	912頁
島岡　茂著	フランス語の歴史	Ｂ６判	192頁
島岡　茂著	フランス文法の背景	Ｂ６判	192頁
島岡　茂著	続・フランス文法の背景	Ｂ６判	248頁
島岡　茂著	古フランス語文法	Ｂ６判	240頁
島岡　茂著	古プロヴァンス語文法	Ｂ６判	168頁
工藤　進著	南仏と南仏語の話	Ｂ６判	168頁
多田和子著	現代オック語文法	Ａ５判	296頁
工藤　進著	ガスコーニュ語への旅	Ｂ６判	210頁
田澤　耕著	カタルーニャ語文法入門	Ａ５判	250頁
大高順雄著	カタロニア語の文法	Ａ５判	648頁
中岡省治著	中世スペイン語入門	Ａ５判	232頁
出口厚実著	スペイン語学入門	Ａ５判	200頁
寺﨑英樹著	スペイン語文法の構造	Ａ５判	256頁

——目録進呈——

大学書林 語学参考書

著者	書名	判型	頁数
星　　　　誠　著	ポルトガル語四週間	B 6 判	424 頁
佐 野 泰 彦　著	基礎ポルトガル語	B 6 判	256 頁
石田・神保　著	仕事に役立つブラジルポルトガル語	B 6 判	158 頁
池 上 岑 夫　著	ポルトガル語文法の諸相	B 6 判	248 頁
浜口・池上　編	ポルトガル語常用6000語	B小型	298 頁
満 留 久 美 子　著	ポルトガル語分類単語集	新書判	288 頁
彌 永 史 郎　編	ポルトガル語会話練習帳	新書判	182 頁
海 本 徹 雄　著	実用ブラジル語会話	新書判	352 頁
佐 野 泰 彦　著	英語対照ブラジル語会話	B 6 判	176 頁
富 野 幹 雄 レオ・ヒラマツ　著	役に立つポルトガル語会話	新書判	232 頁
富 野 幹 雄 住 田 育 法　著	ポルトガル語動詞の知識と活用	新書判	128 頁
彌 永 史 郎　著	ポルトガル語手紙の書き方	B 6 判	340 頁
富 野 幹 雄 レオ・ヒラマツ　著	役に立つブラジル ポルトガル語スピーチ集	B 6 判	224 頁
富 野 幹 雄 クララ・M・マルヤマ　著	ポルトガル語 　　　ことわざ用法辞典	B 6 判	350 頁
浜 口 乃 二 郎 佐 野 泰 彦　編	ポルトガル語小辞典	ポケット判	670 頁
佐 野 泰 彦　編	カナ発音 葡和小辞典	ポケット判	704 頁
日 向 ノ エ ミ ア　著	ブラジル語でコミュニケーション	A 5 判	296 頁
オルティガン 彌 永 史 郎　訳注	フ ァ ル パ ス	B 6 判	192 頁

――目録進呈――